志波城復元築地塀と櫓《やぐら》

阿弖流為《あてるい》が斬られてから，造志《ぞうし》波城使《わじようし》坂上田村麻呂が鎮守府胆沢《いさわ》城の北に築城した最前線の城柵．防備のための櫓《やぐら》が緊張度を示している．

(140,211ページ参照)

多賀城東門跡整備状況

多賀城は天平期から奥羽の政治・軍事の中枢機関であるが，坂上田村麻呂時代の延暦期に整備された施設の跡も顕著である．（67ページ参照）

秋田城東門復元模型と門外出土和同開珎《わどうかいちん》銀銭

天平期から出羽の行政・軍事の要鎮であった秋田城は，渤海《ぼつかい》との外交でも注目される機関であるが，城の近傍には将軍野《しょうぐんの》・幕洗川《まくあらいがわ》などの地名や田村神社など坂上田村麻呂についての伝承が多い．（150,203ページ参照）

払田柵《ほったのさく》外郭復元南門

坂上田村麻呂時代に文室綿《ふんやのわた》麻呂《まろ》らにより築かれたと推定される.

(141ページ参照)

歴史文化セレクション

新野直吉

田村麻呂と阿弖流為《あてるい》

古代国家と東北

吉川弘文館

はしがき

古代の東北地方は日本の域外にあり、蝦夷《えみし》と呼ばれた未開野蛮の人々の地であったもののようにあつかわれ、長い時代をへた。それは現今のような世情なら差別視だと指弾されても不思議ではない側面さえあった。そのような古代東北観は、あまりにも極端な見方で、少し鋭角的な表現をすれば偏見である。その偏見は、詳細に検討すれば建国神話の時代からつづいているものだということもできる。

そしてそのような見方をする立場は、第二次世界大戦以後の、蝦夷に対する人種・民族論や弥生文化についての東北の考古学の研究成果の積み重ねによって、すくなくとも学界では是正される方向に進んだ。しかし、そこにはやや旧来の見方に反発の傾向も秘められているかのように、東北の非遅進性とか東北の独自性とかが喧伝されるような趣も表われ、逆に東北の先進性や充実性の側のみが、映像劇がいう「黄金の東北」観の世界だけにかぎられることなく、歴史学者によっても強調されるようなことも、なくはなかった。

たとえば、前九年の役の安倍氏や後三年の役の清原氏についての俘囚《ふしゅう》国家論であり、藤原氏についての平泉王国論である。またそのなかに半ば伝説化した阿弖流為《あてるい》のことも含まれる。私は、阿弖流為のことについても、もし少しく文学的表現をすれば、誰よりも早いときから誰よりも高く評価してきたし、安倍氏の強力さも、清原氏の強大さも充分に認識し、採り上げてきた。いうまでもなく平泉藤原氏の占めている古代東北の覇者の集約者の立場にも充分に注目してきている。

だが古代東北史の史料を心を込めて読めば読むほど、吟味して考察すればするほど、古代東北は古代日本と一体の関係において存在したことがわかり、もっといえば古代東北は古代日本そのものとして存在したという確認を深めるばかりなのである。古代日本の外にあった古代東北も存在しなければ、古代東北を除外した古代日本もなかったのである。

元来古代日本はそのもの全体が、東側太平洋からの関係をのぞいて、南からも西からも北からも海を越えてくる海みちを受け、広い国際情勢とも深い結びつきを持って成り立っていたのであり、氏姓制古代においても律令制古代においても、本州・四国・九州の国土の上に形成されていた日本古代国家が、蝦夷《えみし》や隼人《はやと》といわれた東北や南九州の住民と無縁であったとか、それを除外していたとかとは、東アジアの国際環境の実態からも考えることはできない。

その国際環境のなかで、古代東北が、粛慎《みしはせ》・靺鞨《まつかつ》・渤海《ぼつかい》などの北東アジアとの交流史の上ではたした役割は顕著なものがある。なかんずく二世紀間にわたる渤海との外交の歴史においては、前期七〇年間は渤海使が東北の出羽に来航したのである。「北の海みち」による外交史上東北の占めた地位は改めて注目するに足るものがある。その点についても折にふれて言及しておいた。

本書は、そのような主として、古代日本律令国家と古代東北との関わりというか、古代日本律令国家のなかの古代東北というかについて、ほぼ三十数年間見つめてきた著者の考察に、新知見も積極的に加え、読まれる方々にできるだけ理解していただきやすいように整理して著述したものである。

東北に関係を持たれる読者のみならず、広く古代日本の歴史に関心を寄せられる読者に、批判と教示とを賜りたいと念ずるものであり、執筆の機会を与えて下さった吉川弘文館に深く感謝するしだいである。

平成六年六月

新野直吉

目次

写真提供（敬称略）
盛岡市教育委員会／多賀城跡調査研究所
秋田城跡調査事務所／小西秀典

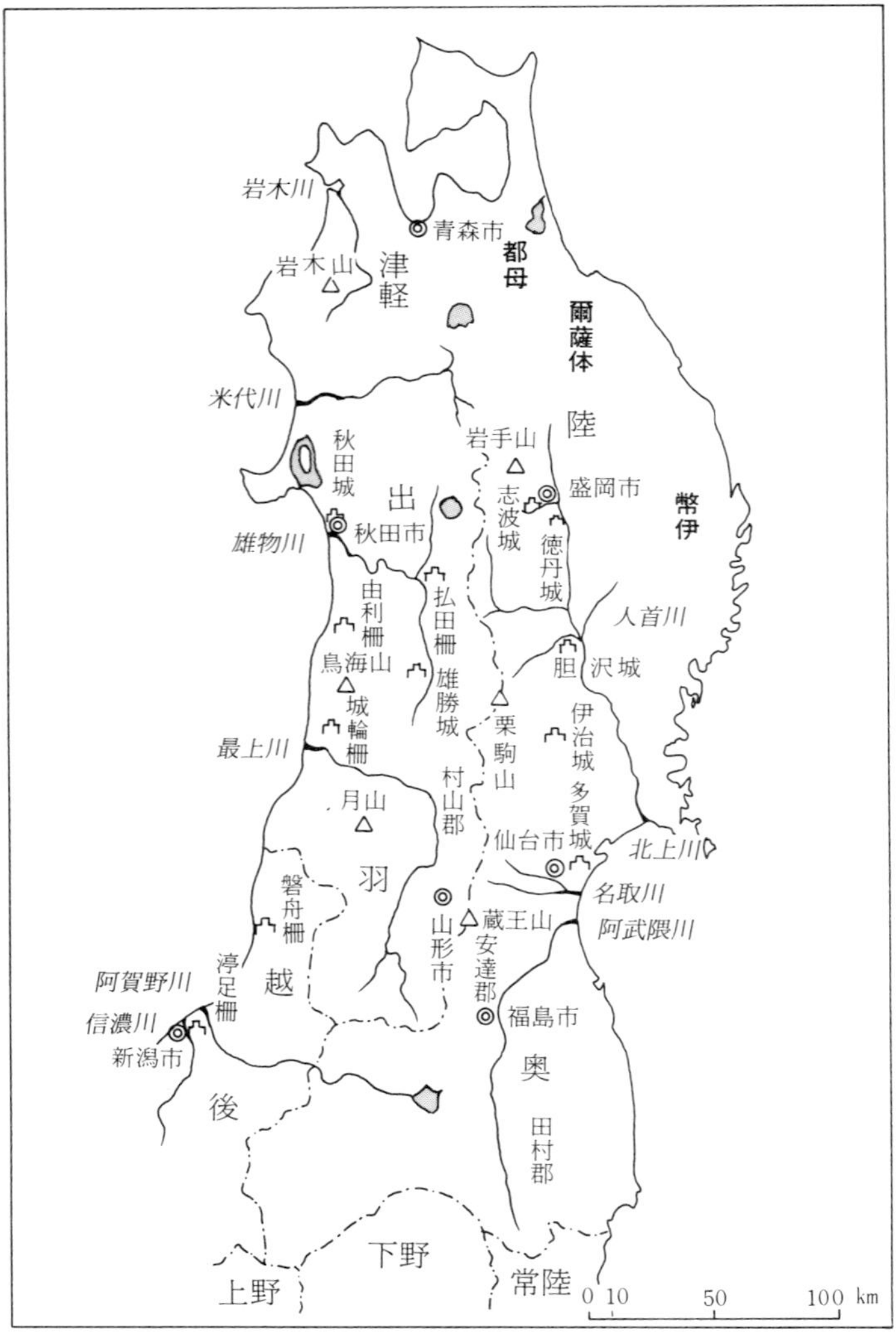
岩木川
青森市
都母
岩木山
津軽
爾薩体
米代川
陸
岩手山
秋田城
盛岡市
出
志波城
幣伊
秋田市
雄物川
徳丹城
払田柵
由利柵
人首川
鳥海山
胆沢城
雄勝城
城輪柵
栗駒山
伊治城
最上川
村山郡
多賀城
月山
仙台市
北上川
羽
磐舟柵
名取川
山形市
蔵王山
阿武隈川
渟足柵
安達郡
越
阿賀野川
福島市
信濃川
新潟市
奥
後
田村郡
下野
上野
常陸
0 10 50 100 km

古代東北図

一　知られたる将軍、知られざる領袖

1　坂上田村麻呂とその父祖

坂将軍と父苅田麻呂

元慶《がんぎょう》二年（八七八）出羽秋田城下で激しい俘囚《ふしゅう》の攻撃があった。延喜《えんぎ》の大儒文章博士《もんじょうはかせ》三善清行《みよしきよゆき》はこの大兵乱の「賊徒数万、窮寇《きゅうこう》死戦して、一以て百に当たる。与に鋒《ほこ》を争い難し」と、その鎮定しがたいことを指摘して、「如《も》し今の事は、坂将軍再生すと雖《いえど》も、蕩定《とうてい》し能《あた》わざるなり」と格調ある名文で表現した。いうまでもなく「坂将軍」とは「征夷大将軍坂上田村麻呂」のことである。田村麻呂は弘仁二年（八一一）に薨じたから、清行が『藤原保則伝《ふじわらのやすのりでん》』にこのように記した延喜七年（九〇七）は、一世紀も隔てた時期に当たる。百年後の人々に「坂将軍」は超人的な天才将軍、否「神将」として位置づけられていたわけである。

もちろん元慶の俘囚の乱は奥羽で起こったことである。奥羽の戦乱なればこそ坂将軍は想起されたのかもしれない。もし九州ででも起こったことなら、引合いに出される神将は、筑紫国造《つくしのくにのみやつこ》磐井《いわい》の乱の物部麁鹿火《もののべのあらかひ》とか、養老隼人《はやと》の乱の大伴旅人《たびと》とかであったかもしれない。というのは、田村麻呂はことほど左様に東北と関係の深い将軍だったからである。

彼が初めて「六国史」の史料に登場するのは、『続日本紀』延暦四年（七八五）十一月二十五日条に「坂上大宿禰《おおすくね》田村麻呂が位を従五位下に進められた」と記されるときである。少し細かくいうと、その際の彼の肩書は官位がないけれども、「正六位上藤原朝臣《ふじわらのあそん》仲成《なかなり》、藤原朝臣縵麻呂《かずらまろ》、紀朝臣楫長《かじなが》、坂上大宿禰田村麻呂に並びに従五位下」という書式であるから、仲成以下四人が通じて正六位上であったということになろう。しかも彼は、その薨伝《こうでん》によると、淳仁《じゅんにん》天皇の天平宝字《てんぴょうほうじ》二年（七五八）に生まれたことになるので、この時は数え年（以下同じ）で二十八歳に当たる。

律令制度下では、選叙令《せんじょりょう》授位条《じゅいじょう》によって、授位は「二十五歳以上を限れ」とされている。当然彼は少なくとも三年前に位を得ているはずである。さらに彼の父苅田麻呂《かりたまろ》が五位以上条に定める官人だったから、蔭位《おんい》出身の法を適用される該当者である。この場合は二十一歳で父の持つ位階に準じて授位される。彼が二十一歳になったのは七七八年の計算になるから宝亀九年のことである。父は四位であった。彼は七位に叙されたものと考えられる。史料初出の従五位下までの八年間に七位から五位まで昇進《しょうしん》したわけで、順調な歩みといえる。

その父苅田麻呂も東北地方と関係深い武将官人である。田村麻呂が昇位したわずか一ヵ月あまり後の延暦五年（七八六）一月七日に、苅田麻呂は左京大夫《さきょうのだいぶ》従三位兼右衛士督《うえじのかみ》下総守の顕官で薨じた。五十九歳であった。『続日本紀』の同日条に薨伝がある。すなわち「苅田麻呂は正四位上犬養《いぬかい》の子である。天平宝字年中に授刀《じゅとう》少尉に任じた。同八年（七六四）恵美押勝《えみのおしかつ》（藤原仲麻呂）は反乱を起こすと、まずその息子訓儒麻呂《くずまろ》を遣して駅鈴《えきれい》と印璽《いんじ》を邀《むか》え奪わせた。苅田麻呂は将曹牡鹿嶋足《おしかのしまたり》と一緒に詔を奉じて馬で駆けつけ訓儒麻呂を射殺した。その功で、従四位下を授けられ、大忌寸《おおいみき》の姓を賜い、中衛少将に補せられ、甲斐守を兼ねた。そのことについての説明は淳仁廃帝紀にある。宝亀の初めに正四位下に上げられ、外にでて陸奥《みちのおく》鎮守将軍《ちんじゅしょうぐん》となった。それほどの時間をへずに京に召しもどされて近衛員外《このえのいんがい》中将、丹波や伊予などの国守を歴任し、天応元年（七八一）正四位上を授けられ、右衛士督に転じた。苅田麻呂の家は代々弓馬の事を任務とし、彼も馳射《ちしゃ》を得意としていた。宮殿の宿衛にあたり何代もの天皇に仕えて、天皇の寵遇は特に厚くして、別に五〇戸の封戸《ふこ》を賜い、延暦四年（七八五）従三位を授けられ、左京大夫を拝命した。右衛士督と下総守はもとのままであった」とある。薨伝のいう廃帝紀の記事とは『続日本紀』天平宝字八年九月条である。

薨伝ではきわめて順調に人生を歩んできたようであるが、まず田村麻呂の生まれる前年三十歳の父苅田麻呂は軍人武官として歴史に登場する場面を迎えた。それは、後年苅田麻呂らに追討される存在になる藤原仲麻呂の動きに関わることにおいてであった。仲麻呂は天平勝宝元年（七四九）八月皇太后となった光明《こうみょう》皇后のために紫微《しび》中台《ちゅうだい》という唐名の役所を設けた。実際には皇后宮職《こうごうぐうしき》を移行改名したものなので、皇太后宮職《こうたいごうぐうしき》という実態なのだが、唐制好きの仲麻呂は、唐で従来の中書省《ちゅうしょしょう》をあらため紫微省《しびしょう》としたのを名称的に移し用いたのである。彼は紫微令というその長官になった。この後権勢の頂点に一路昇りつめて行くのである。

彼は藤原武智麻呂《むちまろ》の子である。天平前期に朝廷の中枢を占めていた藤原不比等《ふひと》の四子武智麻呂・房前《ふささき》・宇合《うまかい》・麻呂《まろ》が同九年（七三七）天然痘の流行で相次いで他界し、かわって葛城王《かずらきのおおきみ》が賜氏姓した橘諸兄《たちばなのもろえ》の二〇年間におよぶ政権が天下に君臨することになるが、天平勝宝八年（七五六）に諸兄は密告によって左大臣を致仕《ちし》し、翌年正月に薨じたのである。かわって仲麻呂が台頭してきたのであるから、諸兄の子奈良麻呂は不満で、父の死後半年にしてその排除を企図していたが、仲麻呂に先手を打たれて奈良麻呂の変となるのである。

奈良麻呂の変　そもそも諸兄は敏達《びたつ》天皇の高孫美努《みぬ》王の子であるから、皇孫としては臣下に降っても不自然ではない程度の世代なのであるが、壬申《じんしん》の乱のさい美努王の父栗隈《くりくま》王は大宰率《だざいのそつ》であったが、きわめて見識ある言行をなし、美努王もまた毅然として父を護った。奈良麻呂は当然天武朝成立に当たってのその史実を知っていたであろうから、文人政治家的な父諸兄よりは武人皇族の祖父と曽祖父とを敬仰していたかもしれない。その史実とは、壬申の乱において、優勢な吉野大海《おおあま》皇子方に対抗すべく、近江朝大友皇子が西日本の兵力を味方として動員しようとしたときのできごとである。

目標とされたのは吉備国守当摩広嶋《たぎまのひろしま》と筑紫大宰栗隈《くりくま》王の二人の軍で、派遣された使者は佐伯男《さえきのおのこ》と樟磐手《くすのいわて》の両名であった。出発のときあらかじめ、二人が吉野方に近そうなので相手の対応によっては殺せと命ぜられていたため、予測通りの対応を見せた広嶋は磐手に斬り殺された。一方男から大友皇子の符《ふ》を伝達された栗隈王も同様の気配に見えた。男は剣を按じて進み寄ろうとしたところ、王の二人の王子、三野（美努）王と武家《たけいえ》王が剣を佩《は》いて父王の側に立ち、一歩も譲らなかったので、男もいかんともしがたかったのである。

奈良麻呂にとっては祖父美努王の勇気ある孝行が世代の近さのゆえもあって直接的には印象深い誇りであったろうと考えられる。私の立場は、栗隈王の兵を動かさないことについての弁明に特に注目しているので、それが奈良麻呂への見逃しえない影響を与えたものと考えている。『日本書紀』壬申年条は「筑紫国は、元より辺賊の難を戍《まも》る。其れ城《き》を峻《たか》くし隍《ほり》を深くし、海に臨みて守れるは、豈《あに》内賊の為ならんや、今命《みこと》を畏《かしこ》みて軍を発さば、国空《むな》しけん。若し不意の外に倉卒《そうそつ》の事有らば、頓《とみ》に社《しゃ》稷《しょく》傾かん。然る後、百たび臣を殺すと雖も何の益あらん。豈《あに》敢て徳に背かんや、輙《たやす》く兵を動かさざるは、其れ是の縁なり」と語調高く述べた王の言葉を収めている。

本来、近江朝に対する天武朝の正統性を主張すべき『日本書紀』壬申年条としては「私は近江方には与《くみ》しない。大宰率として、正統で優れた大海人皇子を推戴したい」といったので、男が討とうとしたが二王子に防衛された。とでも書いて、吉野方の人望の高さを主張するのが常識であろう。なのに王は「外敵に備えるのが任務だから内戦には兵は動かせない」と主張したと記録しているのである。

従来いわれてきたように大海人皇子の持つ人望の大きさに王が靡《なび》いたための兵力不動員だったとは、天武朝側もその当時から受取っていなかったのである。

天武天皇即位四年（七六七）六月のことを記す『日本書紀』天武五年六月条に「四位栗隈王得病薨」とわずか八文字がある。これだけで薨伝もなく、贈位記事さえない。同じ条につづけて物部雄君《もののべのおきみ》の病没に天皇が大いに驚いたことを壬申の大功と結びつけて鄭重に記しているのと較べるとき全く対照的である。真の中立性を保って、天武側から冷遇されようとも実に堂々としていたらしい曽祖父栗隈王の姿を想起し、「内紛に軍を動かし国を空しうしかねないような危険は冒せない」という愛国憂国の論を知って、奈良麻呂の心は崇祖の念を呼び起こしたにちがいない。父の失脚逝去の私的な不満不安もさりながら、皇位継承者の恣意的変更を中心とした仲麻呂の発想と施策は、奈良麻呂なりの公的な正義感も刺激したにちがいない。

基本的に、この変が藤氏一門への橘氏の批判反発であったとしても、しかるべき理論武装はあったにちがいない。奈良麻呂の理論は、右に見たような父祖の国家観をどこかに取り込んでいた可能性もある。それだけに奈良麻呂にはやや強引な動きがあったのであろう。自負か自信過剰かは明別しがたいが、強行性は相手に察知されやすいという性格を伴っている。その結果は相手側の強圧を招くことになる。そしてそのとき『続日本紀』天平宝字元年七月四日条によると、奈良麻呂党派の賀茂角足《かものつぬたり》が、六月中に行われた謀議の際に、高麗福信《こまのふくしん》・奈貴王《なきのおおきみ》・坂上苅田麻呂・巨勢苗麻呂《こせのなえまろ》・牡鹿嶋足《おしかのしまたり》らを招いて酒を振舞ったというのである。これは、七月二日夜闇に乗じて蹶起することにしていた自分たちの行く手に、彼ら武人が立ちふさがって阻害をなすことのないようにしようということであったという。苅田麻呂の持つ武名はすでに青年期から世間に周知のことだったのであろう。

坂上氏と皇室　ここに牡鹿嶋足と彼が関連づけられていることも、嶋足が陸奥現地豪族出身の下級武官であることにおいて、坂上氏と牡鹿氏との相互関係の成立に関し注目すべき事実である。ことにこの政変では、左大弁《さだいべん》正四位下兼陸奥鎮守将軍大伴古麻呂《こまろ》が主要メンバーとして加わっていたということで、追及され拷掠窮問の杖下に死に、陸奥守従五位下兼鎮守副将軍佐伯全成《またなり》も嫌疑をかけられ、現地で勘問、無実を申立てながらその後に自経してしまったというようなことがあり、奈良麻呂の変全体が東北史とも深くかかわりを持つ事件であった。

奈良麻呂式正義感とでもいうものが、唐の朝廷で新羅との座を争ったと伝えられており、陸奥を任地としている硬骨漢武人官僚大伴古麻呂の反仲麻呂の立場にも直結し、同じ武門佐伯の児たる全成の心情にも共感するものをあらしめていたかもしれない。とすると陸奥・出羽という辺境のしかも軍事的配備の濃厚な地に、この時期反仲麻呂気運というものの存在した一面も、古代東北史においては心にとどめておかなければならないことになろう。

奈良麻呂について曽祖父栗隈王まで遡ったのであるから、苅田麻呂についても壬申の乱のあたりの祖先まで遡ってみよう。壬申の乱のとき大海人皇子方に従って働いていたのは彼の曽祖父老《おゆ》であった。

坂上直《さかのえのあたい》氏としては国麻呂《くにまろ》・熊毛《くまげ》などの名も見える。『日本書紀』壬申条を読むと坂上国麻呂は高市《たけち》皇子の伊賀越えに従っており、熊毛は「留守司《るすのつかさ》」という重要な役どころにあり、将軍大伴吹負《ふけい》と親しかったが、老もまた不破宮《ふわのみや》への報告の奏上役などを勤めていた。坂上系図によれば彼の父犬養《いぬかい》の祖父がこの老である。

この辺の記述集録はだいぶ簡略化されているにもかかわらず、その祖父の死にさいし『続日本紀』文武天皇三年（六九九）五月八日条では、天武朝末に忌寸《いみき》の姓を改め賜っていたと認められるこの老に関して、

図勲《ずくん》の義は前修より肇《はじ》め、創功《そうこう》の賞は、歴代斯《こ》れ重《おも》んず。蓋《けだ》し、壮士の節を昭《あきらか》にし、不朽《ふきゅう》の名を著す所以《ゆえん》なればなり。汝《なんじ》坂上忌寸《いみき》老、壬申年の軍役に、一生を顧みず、社稷《しゃしょく》の急に赴き、万死を出でて国家の難を冒《おか》す。而《しか》も未《いま》だ顕秩《けんちつ》を加えざるに、奄爾《たちまち》に隕殂《みまか》りぬ。往魂《おうこん》を寵《あわれ》み、用《も》って冥路《めいろ》を慰めんことを思う。宜《よろ》しく直 広壱《ちょくこういち》を贈り兼ねて復物《また》を賜うべし。

という誄《るい》の文を篤と採録しているのである。大海人皇子の優勢な権勢にも距離をおいて自分の立場を持していた栗隈王と、天武朝の側に従順忠勤の老とのありかたが、なにか奈良麻呂と紫微中台に忠実であろうとした苅田麻呂との上にそれぞれ投影しているかのようである。

直広壱という令制正四位下の高い位を贈られているのであるから、坂上忌寸家に対する天武系朝廷の評価は然るべきものがあったと考えてよい。『続群書類従』巻第百八十五の「坂上系図」によると

大錦上老の子は務広肆大国であるが、その大国のことは、『続日本紀』天平宝字八年十二月十三日条に載っている、彼の子、すなわち苅田麻呂には父である犬養の卒伝に見えるのである。

大和守正四位上坂上忌寸犬養卒す。右衛士大尉外従五位下大国の子なり。少《わか》くして武才を以て称せらる。聖武皇帝祚《くらい》に登りて之を寵すること厚し。天平八年外従五位下を授けられ、二十年従四位下左衛士督《さえじのかみ》に至る。勝宝八歳聖武皇帝崩ずるとき、久しく恩渥《おんあく》に沐《もく》するを以て山陵を守ることを乞《こ》う。天皇嘉《よみ》して正四位上を授け、本官故《もと》の如し。九歳兼ねて造東大寺長官と為し、特に食封《じきふ》百戸を賜う。宝字元年播磨守に任じ尋《つ》いで大和守に遷る。卒する時八十三。

とあり、大国が衛士府の三等官で外従五位下という国司並みの位階であったこと、その子犬養も大和守という帝都所在の国の地方長官であったことがわかる。

この八十三歳というのは大和国国造《くにのみやっこ》大和長岡の行年八十一歳をも上まわる。「奈良時代の人にしては……きわめて長寿を保った人」という人物叢書『坂上田村麻呂』(吉川弘文館)の評は正にその通りである。そして聖武天皇に長く仕え寵愛を受けたからというので「山陵を守る」許可を得たという事実にも注目したい。山陵を守る陵戸は五賤のうちであるというのが令の制度である。近世に陵戸賤視論の先頭列にいる学者の一人本居内遠《もとおりうちとう》は、陵戸を「是を奴婢との上下軽重分明ならずわかちがたき如し」「陵戸は賤《いや》しくはあれども戸をなして必竟は雑戸の一種」(『賤者考』)という認識をしていた。奴婢と分かちがたいなら最重の賤民なのに雑戸の一種なら官戸よりも上になることは必定である。結

東北との関係を伝える田村氏系図

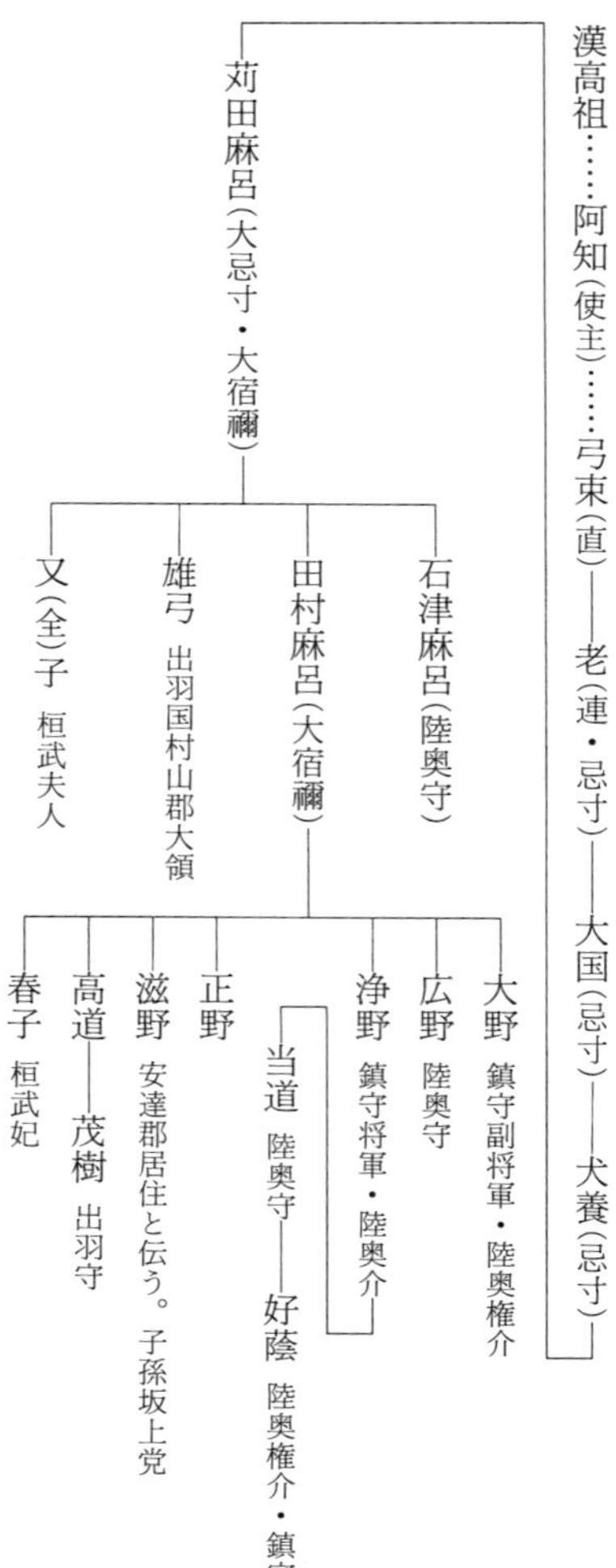

局陵戸が賤しいのかそれほどではなく良賤の間の雑戸なのかは、見方によればどちらにもみることができるということが、内遠説なのである。

これについては私見がある。『日本書紀』持統天皇五年十月八日詔に「凡《おおよ》そ先皇の陵戸は五戸以上を置け。自余の王等の功有りし者には三戸を置け。若し陵戸足らずば百姓を以て充て、其の徭役を免じ、三年に一替せよ」とある。これは、律令形成期には、①陵戸（呼称の点はしばらく別として）はすでにあった。②その配置は五戸が基準の単位であった。③陵戸は不足であった。少なくとも不足になるとはっきり予測されていた。④代用戸は良民三年一替で固定化を避けていた。要するに陵戸と良民とは必ずしも峻別されてはいなかったのである。だが、良民を当てた場合は固定化を避けようとしていたということである。

犬養が正四位上を授けられながらこの任につくことが少しも不適合のことではなかったということになると、これはとても賤民などではない。持統天皇の時代から七十年余たった彼の時代にも陵戸を監督するような立場にある人は、有位者・貴族でも問題はないとされていたことが理解できる。どうも陵戸が奴婢と分かちがたきまでに賤視されることの深化固定化は平安朝になって令制賤民制の弛緩したのち五賤も社会の実情としてはその賤視の度合が分明でなくなるなかで、陵墓を守るという明白顕著なその職務のために、その実務の固定化と地位の固定化が定まってしまい、そのことが、陵戸の賤視とその賤民性とを後世までに伝えてしまうことになった、とする私見の、不当でないことを犬養の卒伝は傍証しているようである。同時にそれだけ天皇家と坂上氏との密接性を示す史料ともなる。

卒伝で語られるのはこれだけであるが、『続日本紀』天平勝宝八歳五月二十二日条に、

勅して曰く「左衛士督《さえじのかみ》従四位下坂上忌寸犬養、右兵衛率《かみ》従五位上鴨《かも》朝臣虫麻呂、久しく禁掖《きんえき》に侍して深く恩渥《おんあく》を承《う》けたり。悲しみの情抑え難うして、伏して陵に奉せんことを乞《こ》う。朕乃《ちんなんじ》が誠《まこと》を嘉《よみ》し、仍りて請う所を許す。先代の寵臣に未だ此の如くなるを見ざるなり。宜《よろ》しく褒賞を表して以て君に事《つか》うるものを勧《すす》むべし。犬養は正四位上に、虫麻呂は従四位下に叙し、其の従う所の授《じゅ》刀舎人《とうとねり》廿人に位四等を増さん」と。

とあり、単に犬養のみならず虫麻呂や舎人等も守陵に従ったことがわかる。犬養は三階位を進められ、虫麻呂もそれに準じているが舎人は四等を進めたというから一般兵士の殊意を高く評価されたことがわかる。先代の寵臣にかかる例を知らないといっているから、めずらしい忠勤行為だったのであろう。ただ『養老令』になって「陵戸」の文字になるまで、『大宝令』では四賤の外で、まだ賤民という規定の語はなく「職員令集解諸陵司条」の古記別記に常陵守、墓守、借陵守、借墓守とあって、後にいう陵戸（墓戸）と守戸の問題が大宝令段階まではそれほど峻別されてはいなかったように見られることからすれば、舎人たちにとっても、賤業につくような心情よりも、高貴のことに直接するという忠誠の誇りさえあったのかもしれない。そもそも古くから、陵という尊貴の施設を守る任務を負う民戸は、法的な公課、少なくとも労役を免ぜられる特権を持っていて夜都古《やっこ》などとは関係のない通常の民であったと考えられる。それは『日本書紀』仁徳天皇六十年十月条にも白鳥陵で陵守を役丁に差点したら、陵守がたちまち白鹿に化して逃げたという霊力がらみの物語が伝えられているように、単に「差点」という手続きのみで役丁となることのできる令制の課戸と同じ立場にあったものと認められるから、犬養の行為は賤視されるようなことからは一層遠いものだったのであろう。

天平宝字二年に「天平応真皇太后」の尊号を奉られていた光明皇太后が同四年六月七日に崩じた。正四位上の犬養は従四位下佐伯今毛人《いまえみし》らとともに「山作司《さんさくじ》」に任ぜられて皇室とこの面での密な職掌を遂行していた。卒伝にあったように造東大寺長官を兼務した彼は、天平宝字年間にもその任にあったが、天平宝字末年には高齢によるためであろう健康を害していたような史料も伝わる。

恵美押勝の乱　天平宝字八年の師走に祖父が卒去したとき田村麻呂は七歳になっていたが、生まれる前年に奈良麻呂の変で名を表わした父苅田麻呂は、祖父の死去する三ヵ月前に、歴史に残る大活躍で功績を表わしていた。恵美押勝の乱に鎮圧の殊勲をあげたのである。

押勝は武智麻呂の次男であるが、奈良麻呂の変当時仲麻呂として兄の右大臣豊成《とよなり》をも排斥した。豊成の子乙縄《おとただ》を奈良麻呂に荷担したとの理由で逮捕するが、七月九日に逮捕に当たったのは房前《ふささき》の子中納言藤原永手《ながて》と左衛士督坂上犬養であった。乙縄は日向員外掾《いんがいのじょう》に、豊成は大宰員外帥《そち》に左遷された。坂上氏は、父は武官として軍事警察の役を果たし、子は勇武の才をもって名を広く世に示したことになる。犬養が最晩年まで順調に官界を歩んだのは押勝らともうまく行っていたからであろう。

奈良麻呂の変から一年余天平宝字二年八月、仲麻呂は、孝謙天皇禅譲の形で淳仁天皇擁立に成功し、覇権を一層確固たるものにした。その月のうちに仲麻呂は、先祖鎌足《かまたり》以来百年の間一〇代の天皇翼輔の明徳を捧げ朝廷無事海内清平なる無類の功績があったというので、恵美《えみ》の姓と、暴《ぼう》を禁じ強に勝って戈《ほこ》をとどめ乱を静めたからというので、押勝《おしかつ》の名とを、賜わるのである。

押勝は彼の好みで官名を唐風に改めた大保《だいほう》（右大臣）に任じられ功封三〇〇〇戸を受ける。兄豊成の官職を奪取した形になる。もう専権そのもので、同四年一月には従一位太師（太政大臣）に昇るという無類の権勢を得、後に詳しく検討することになるが、同時に先の古麻呂や全成の存在に鑑みてか陸奥を重視して派遣していた息子の按察《あぜち》使兼鎮守将軍正五位下藤原恵美朝獦《あさかり》が従四位下に飛び級で昇進する。朝獦は史料上多く朝猟と表記されるが、奥羽における軍政の功を褒賞されたのである。だが極盛に達すれば衰微に向かわざるをえないのが世の常である。彼を重用しその権勢を支えた光明皇太后が、犬養の山作司就任について見たように崩ずるのはその半年後であった。

同六年二月二日には正一位という異例の極位に昇り、二十五日には近江国の浅井・高嶋両郡の鉄穴各一所という貴重な鉱山資源を受領した。五月末には帯刀《たちはきのし》資人《じん》六〇人を加賜され計一〇〇人になった。このように見てくると順風満帆のようであるが実は然らずで、押勝がかくも栄誉と富とを望み自分の立場をいやがうえにも増強しようとしたのは、大きな不安を感じていたからのことであった。その不安とはあの道鏡《どうきょう》法師の存在である。

光明皇太后という押えのなくなった孝謙太上天皇はしだいに独自性を強めることになるが、天平宝字五年、太上天皇も天皇も保良宮《ほらのみや》に行幸することがあった。近江は恵美氏の勢力基盤であるから、形式論としてはこの年十月の保良奠都《てんと》の件は押勝勢力の落日の兆とはいえない。だからこそまだ翌年の昇位もあったわけである。しかしこの保良宮の滞在中に太上天皇の病があり、禅行に聞こえていた内道場の禅師弓削《ゆげ》道鏡が太上天皇の看病に当たり、史文に「稍《ようやく》寵幸せられぬ」と表現される状態を招くのである。結局太上天皇と道鏡の組に対する淳仁天皇と押勝の組という対立の構図が形成されることとなったのである。

ことに淳仁天皇は道鏡への対応をめぐり太上天皇と徹底的に考えを異にしていたようで、ついに対立から分裂へと転じ、六年五月二十三日平城宮にもどって、太上天皇は法華寺に、淳仁天皇は中宮院に御座所を置くという、きびしい局面を迎えることになった。六月三日になると太上天皇は宣命《せんみょう》を発して、政事の小事は天皇が掌《つかさど》るが、国の大事と賞罰とは自ら行うと宣言するのである。事態は時とともに天皇の権限も権威も縮小する方向に進む。先手を打って押勝はついに道鏡排斥の挙にでた。天平宝字八年（七六四）九月のことである。それでも二日にはなお太師正一位藤原恵美朝臣押勝をもって「都督四畿内三関近江丹波播磨等国兵事使」となすと『続日本紀』に書かれている。重要な兵事権を握ったところまでは、彼の策はまだ成功しているようでもあるが、十一日になって「押勝の逆謀頗《すこぶ》る泄《も》れたり」という事態になる。彼を兵事使などに任じたのは、この行動の誘発を狙ったのかもしれない。押勝の道鏡に対する立場は決定的なものになった。もう退くことはできなかった。

軍事行動にでようという押勝は、太政官の大外記《だいげき》高丘《たかおかの》比良麻呂《ひらまろ》に、諸国の兵を一国六〇〇〇人ずつ動員するようにという命令書を作成させた。太政官印を捺して執行する大外記として比良麻呂はこの重大な謀略の責任が自分におよぶことを惧《おそ》れ、太上天皇方に事のしだいを密告したのである。

ことが露見するとすぐ、太上天皇は少納言山村王を派遣して淳仁天皇の座所中宮院におかれた鈴と印とを収め取らせた。急を聞いた押勝は訓儒麻呂《くずまろ》に邀《むか》え討たせ奪取させたことからは、先に見た苅田麻呂薨伝《こうでん》にあった通りである。その功で彼苅田麻呂が正六位上から四階を飛んでの躍進であったのに対し、部下嶋足は従七位上から何と十階を飛び越えての二人同位の従四位下になったのである。第二次大戦中軍神と称される殊勲の軍人は「二階級特進」と謳われたが、彼の五階級特進は、それとも比較できないほどの異例のことである。さらに地方豪族出身の武技者たる下級武官の嶋足の十一階級特進はもはや法治主義律令政治の枠をまったく無視している。いわば超法令処置の極みで正常の形では論ずることができない。彼は坂上忌寸の姓を大忌寸の姓に改める尊貴の栄光を得たが、嶋足は牡鹿《おしかの》連《むらじ》から宿禰《すくね》の姓に三段階を飛ぶ破格の改賜姓にあずかった。東北の問題としてこの嶋足の超法的あつかいは注目に値する。

苅田麻呂の栄進　十月九日に淳仁天皇を廃し淡路公とするという大変革があったが、そこでは中衛少将苅田麻呂が甲斐守に兼補され、授刀少将嶋足が相模守に兼補されている。すなわちその直接の史料は任命について伝わらないが、道理として乱処理の論功行賞で授刀少尉であった彼は中衛中将に、授刀将曹にすぎなかった嶋足は授刀少将になったということになる。尉官が佐官を飛んで将官になることさえ驚きであるのに、一下士官が尉・佐官をすべて飛んで将官になるということは驚きで、それが一度の辞令によったか小刻みの数度の辞令によったかで、形式上の判断には異なるところも生ずるけれども、実際としては、日本律令国家という一国の、政治体制の一応一貫しているなかで起こったこととしては、考えうる常識を超えた恩賞である。

要するに、苅田麻呂は大同二年（八〇七）右近衛府になる軍衛の、嶋足は翌天平神護元年近衛府に改められ、同じく大同二年に左近衛府になる軍衛の、ともに将官として相並んで、称徳天皇と道鏡の側近の禁衛に当たったわけである。その力量と忠勤度についての認識は、天皇の側にも明確に存在したことがわかる。

天平宝字九年一月七日をもって天平神護元年と改元されたのであるが、この日に彼は勲二等を授けられ、嶋足もまったく同じ勲二等を授けられた。その理由は宣命体の詔に明示されていて「奉公している人々には、通常の勤務で仕え、功績を評価された者もあり、又軍事において仕えて、賞された者もある。それにしてもこの度賜わる位冠は平常とは異なったところがある。このような形で賜与するのは、平常時の奉公は誰しもそのように仕えない者はないのだが、今回のように危急の時に身命を惜しまずに、貞（正）しく明く浄（清）き心もってを朝廷に仕え奉る人こそは特志の者として評価し慈悲を垂れるべきだと考えたからである」と宣言されている。二人はまさに身命を賭して王事につくしたという評価をされたことになる。しかも彼らの勲二等は、次の皇位継承者になる正三位白壁王《しらかべのおおきみ》・従三位和気《わけ》王・山村王の皇族、正三位藤原永手《ながて》・藤原真楯《またて》・従三位吉備真備《きびのまきび》・藤原蔵下《くらじ》麻呂《まろ》・従四位上日下《くさか》部子《べのこ》麻呂《まろ》・従四位下佐伯伊多智《いたち》と彼等二人だけの勲位であった。さらに同二年二月二十一日、山村王の五〇町に次ぎ子麻呂や伊多智とともに彼は功田二〇町を賜い、子に伝えることを許された。

坂上氏と牡鹿氏の密接な関係は本書の主人公田村麻呂の時代になっても継続するが、嶋足は右の授刀衛から近衛府に改組のさいの翌年二月初旬に近衛員外中将に任ぜられるから、員外官のあつかいではあるが中将にまで昇進しているのである。翌天平神護二年二月正四位下に進んだ嶋足の記事は、氏姓も牡鹿宿禰から道嶋宿禰に変っているが、前年十二月十三日に本国陸奥の一族三山は道嶋宿禰で史籍に登場しているから、嶋足も同じころ改氏姓したのであろう。

ところで同二年十月二十日に嶋足は正四位上に進んだ。それはこの日、天皇の座所法華寺で近くの海竜《かいりゅうおう》王寺の毘沙門像からでた仏舎利《ぶつしゃり》を受け天皇が礼拝の上、太政大臣禅師として押勝以後の政界に君臨してきた道鏡を法王の位につけ、その輩下の基真《きしん》・円興《えんこう》という舎利現出劇に与《くみ》した二人をそれぞれ法参議《ほうさんぎ》大律師《だいりつし》と法臣《ほうしん》に任じ僧侶の高級官僚体制を作ったうえ、天皇外祖父の家系を享ける右大臣藤原永手《ながて》を左大臣に進め、その後任に皇女時代の師吉備真備《きびのまきび》を登庸するという相当恣意的な処置の宣命を出したことに直結している。というのは、この宣命につづけてのこの日の条文には、参議従三位弓削浄人《きよひと》を中納言正三位とするということと道嶋嶋足を昇任させたということしか編録されていない。かぎられた対象しか優遇されていないということは、嶋足も女帝と法皇の線で特に重んじられていたことを示しているのである。

神護景雲元年（七六七）十二月になったとき、本国に住み陸奥国の国司の三等官になっていて、やがて鎮守府の幹部にもなる従五位上三山《みやま》が、陸奥国国造になるとともに嶋足は陸奥国大国造に任じられる。中央顕官の彼と、在地において伊治《これはる》城の建置などに人力財力をつくして努力した故郷道嶋氏の富とが、嶋足を天皇や法王にかたく結びつけていたのである。ところがその三年後宝亀元年（七七

○）八月に賊地に逃げ帰り叛意を鮮明に表わした宇漢《うか(ん)》迷公宇《めのきみう》屈波宇《くつはう》の検問使に「正四位上近衛中将兼相模守勲二等」の堂々の肩書で引張り出されて以後、嶋足の名は延暦二年（七八三）正月の卒伝まで史上に表われない。これは嶋足の検問記事から一月余後にそれまでは両者が連動していたのと同じ形のように鎮守将軍に任ぜられているかの苅田麻呂が、その後光仁朝以後においてもますます著明な活躍をするのとは、はなはだしく異なるところである。

苅田麻呂は、嶋足ほどではないにしても天皇と法王から重用されていた。だが道鏡がよく知られている神護景雲三年九月の宇佐《うさ》八幡宮神託事件でしくじると、苅田麻呂忠勤の姿勢は変化をきたしたようである。自らの皇位の件には失敗したものの、道鏡は本貫に由義宮《ゆげのみや》を建て、押勝の保良に建てた北宮に対する西京とすることに成功し、弓削御浄朝臣一族の優遇に熱中したりしていたのに、一〇ヵ月ほどで宝亀元年（七七〇）六月十日天皇不予となられ、さらに八月四日に崩御されるにおよび、苅田麻呂の行った密告により道鏡は簡単に失脚することになったのである。

奈良麻呂の変には仲麻呂に対抗する奈良麻呂には与《くみ》せず、その後はその押勝の討伐に武を奮い、道鏡を寵用した称徳天皇に重んぜられて昇進を重ねたのに、今は道鏡に致命的打撃を与えて苦境に追込んだのは、一体どういうことなのであろうか。その変り身の鮮さは賢明なる判断にもとづく単なる打算なのであろうか。それとも寵用されていたがゆえに知りえた道鏡の奸計を、押勝の乱の際の高丘比《たかおかのひ》良麻呂《らまろ》と同じに、知った事の重大さにその累のわが身におよぶを懼《おそ》れて告げ口をしたのであろうか。

いずれにしても少なからず陰性のように感ずる。どうも武人苅田麻呂らしくない。とすれば、もっと単純明瞭なことで、苅田麻呂の坂上氏の血が皇室に対する忠誠心を湧然と呼び起こし、奸賊道鏡に対する憎しみがいかんともしがたくなったのだと考えるべきであろうか。でもそれなら、まだ女帝の生前であっても和気清麻呂のように振舞うべきではないだろうか。などと、諸々感ずることも多い。それともそのように純粋な身を挺しても真実の進言を期待するのは、単なる著者の感傷主義か浪漫主義なのであろうか。

同じような立場にいたはずの嶋足はなにも知らずなにもしないのに、彼だけが何も彼も知っていて、そのような行動にでたのであろうか、これも解せない。もし同じようなことを知っていた嶋足が、苅田麻呂が告げたのに黙していたとすれば、当然嶋足は訴追されるべきであるのに、彼が処罰された形跡はまったくない。そこにはやはり、東北人の嶋足の愚直に近い本質的に武技者である実直さとは違った、都人士苅田麻呂の悧巧《りこう》な世情把握と政局判断の確かさを見ないわけには行かないのである。

光仁朝になってからはもう、嶋足は、例の宇漢《うか(ん)》迷公宇《めのきみう》屈波宇《くつはう》を現地で勘問するという陸奥出身の高官以外にはできない仕事をしただけで、それ以後まったく活躍の場はなかったことが、その卒伝でわかる。それなのにこれからの苅田麻呂は、延暦五年の薨去《こうきょ》までの歩みを見ると、存分に陽の当たる場所を歩みつづけ、あくなき自己主張をつづけるのである。

苅田麻呂から田村麻呂へ　称徳天皇崩御が八月四日、道鏡の下野《しもつけ》配流が二十一日、苅田麻呂の昇任が二十三日とつづいた後、九月十六日に彼は鎮守将軍に任ぜられた。これは苅田麻呂も都から遠ざけられた挙ではないかとの説もある。鎮守将軍は大野東人《おおののあずまひと》や藤原恵美朝猟《あさかり》（獦）も就任した官職で、陸奥・出羽のことは人を選ぶ官だとされていたから左遷とはいえないが、赴任していた期間が短いことに注目すると、そのような見方のでてくる可能性もあろう。道鏡一派を強圧したことへの反発を懸念し、いわゆる両成敗的に謀反通告者を下野よりも遠くに移したとも考えられるからである。

むしろ下野にいる道鏡の背後を監視させるために、陸奥にその適任の最高軍事官僚として赴任させたのではないかと考えることもできる。薨伝に「出でて陸奥鎮守将軍となる。居ること幾ばくも無くして徴されて入りて」とあるところを注視すれば積極的な意味を持って呼びもどされているから、彼が鎮守将軍就任から半月後、光仁天皇の即位もすみ道鏡にも不穏をなす力のないことも確かめられたので、呼びもどされたものと解したい。帰ったのは翌宝亀二年（七七一）閏三月一日の人事によってであった。従四位下佐伯美濃《みの》が陸奥守兼鎮守将軍となり、正四位下の彼は中衛中将兼安芸守《あきのかみ》に発令された。

政界における地位は相当に上昇したとみられ、不惑《ふわく》と知命《ちめい》の間の四十五歳に達した彼は、宝亀三年（七七二）正四位下近衛員外中将兼安芸守勲二等という肩書で一族を代表して立場を主張する自信に満ちた上表文を天皇に奉る。内容は『続日本紀』同年四月二十日条にあり、次のような趣旨である。

檜前忌寸《ひのくまのいみき》を大和国高市郡司に任ぜられるべき元由は、先祖阿智《あち》（知）使主《のおみ》が、応神朝に十七県の人民を率いて帰化し、詔して高市郡檜前村を賜ったことにある。凡《およ》そ高市郡内は檜前忌寸及び十七県の人民が地に満ちて居住し他姓の者は十中一、二にすぎなかった。それで天平元年十一月十五日に従五位上民《たみのいみき》忌寸袁志比《おしひ》その由来を申告し、天平三年に内蔵少属従八位上蔵垣《くらかきのいみき》忌寸家麻呂を少領に任じた。天平十一年家麻呂大領に転じ、外従八位下蚊屋《かや》忌寸子虫《こむし》を少領に任じた。神亀元年に外正七位上文《あやのやまぐち》山口忌寸公麻呂《きみまろ》を大領に任じた。今此の人達を郡司に任ぜられるには必ずしも子孫に直系継承で伝える形ではなく、三腹の家が交互に就任し現在四世になっている。これからもこの檜前一族の郡領の実績を尊重して頂きたい。

それに対して勅命を奉じたところ「譜第《ふだい》を勘案することなく、それに関わらず郡司に任ずることを聴《ゆる》す」と聞き届けられた。

譜第とは系譜のことであるが、ここで郡司の譜第というのは、大化以後に国郡制が施行されてからの郡領に代々就任してきた家系ということである。大化以後「性識清廉で時務に堪える者」という品性と才能を基準とする芸業郡領を原則とする律令の精神によって、檜前忌寸一族が高市郡司になることは天平までなかったのであろう。それがこの後に譜第性は不問にして郡領就任を認めるということになったのは、阿智（知）使主系氏族という古い時代の帰化人たちが高市郡で第一の豪族性を持つ存在になっていたことと、その一族のなかで、長寿の父犬養の労もあったであろうが、単に天皇に忠実な武将であることを超えた、天武系から天智系へという王朝の流れの交替に直接一役かうという、武官政治家となった苅田麻呂を当主とする坂上大忌寸家が、阿知使主系氏族の実質上の氏上《うじのかみ》とか氏の長者とかという地位を占めるようになったことを示している。

ところで、よく坂上氏は陸奥と関係が深いということで、苅田麻呂が同国苅田郡誕生であるというような伝えが話題になる。たしかに「坂上系図」の一本にはそのような注記もあるが、それはいつ発生した説であるのかも定かではない。いずれにしろ苅田麻呂と陸奥官職の明確な関与は、先にのべたごとく半年ばかりにすぎない。宝亀半ばから蝦夷《えみし》の第二次抵抗による戦乱が増加して宝亀十一年（八八〇）には伊治呰麻呂《これはるのあざまろ》の乱という大乱も起こるのであり、強弱併せて多くの武将が陸奥に投入されるのに、彼にはなんのお呼びもかからなかったということは、苅田麻呂段階では坂上氏が東北問題にそれほど密な関係は持っていなかったのであろう。

逆に都では重きをなしていたらしく、天応元年（七八一）四月天皇不予による三日の譲位により山部《やまべ》親王が即位し、十五日即位の宣命が発せられ、親母高野《たかの》夫人を皇太夫人と称し冠位を上げるのとともに、廷臣たちについても「仕え奉る状に随い」何人かの冠位を上げると宣言して位を進めたが、そのなかに彼も含まれており正四位上になった。しかし十二月二十三日太上天皇が崩じた際には父犬養のように山作司になるような関わりをしなかった。

むしろ翌延暦元年閏正月十一日に、先月因幡《いなば》守になったばかりの従五位下氷上《ひかみの》川継《かわつぐ》の反が露見すると、十九日に左大弁従三位大伴家持《やかもち》、右衛士督正四位上坂上苅田麻呂、散位《さんみ》正四位下伊勢老人《おいひと》、従五位下大原美気《みけ》、従五位下藤原継彦《つぐひこ》ら五人は、職事官であるものはその見（現）任を解かれ、散位は京外に移された。川継の事件の連坐者だという理由である。

氷上川継の謀反そのものが実体不詳のところのある話であり、どの政治紛争もしかりであるが真相はよくわからない。だがなにかあると藤原氏の一つの派の政権党が、別派の敵対者とともに、大伴家持や伊勢老人などの伝統的豪族出の実力者と並べて、この帰化人系の苅田麻呂を、すぐに警戒措置の対象とするというところに、この人物の顕著な存在感が認められる。

それにしても、これに対しあの嶋足はどうしたのであろうか。同じように押勝の乱で脚光を浴び七階も躍進した人物で、また国造にも彼と同じように任じられている前記の老人の名が、苅田麻呂と並んでこの川継事件に名を現わしているのに、嶋足の名はこの政変ではまったく見え隠れしないのである。あるいは老いて病床にでもあったのであろうか。実は彼が老いたりとはいえ健在だったとしても、考えてみれば大いに背景をなす条件は異なるのである。家系として老人のように伝統の氏姓国造《しせいくにのみやつこ》家の人でもなく、本人自体も老人のように光仁天皇体制下でも昇進をつづけ、女子継子を平城《へいぜい》天皇の後宮に入れて多くの親王・内親王を得るという立場にもない。東夷の出身にすぎぬ彼は、現実の政界ではもう誰にも相手にされることなくなっていたものであろう。

実際にはなにもなかったのか、彼ら陣営の政治力が大きかったのか、その年のうちに五月十六日苅田麻呂は解かれていた右衛士督の任に帰り咲いた。家持も十七日に参議で春宮大夫《とうぐうのだいぶ》になっている。

一方嶋足は延暦二年（七八三）正月早々にひっそりと世を去る。『続日本紀』同年一月八日条には、

正四位上道嶋宿禰嶋足卒す。嶋足本姓牡鹿連にして、陸奥国牡鹿郡の人なり。体貌雄壮にして志気驍武《ぎょうぶ》、素《もと》より馳射《ちしゃ》を善《よ》くす。宝字中に授刀将曹に任ぜらる。八年に恵美訓儒麻呂が勅使を劫《おびやか》す時に、嶋足将監坂上苅田麻呂と詔を奉《う》けて疾く馳せ、射て之を殺しぬ。功を以て擢《ぬきんぜ》られて、従四位下勲二等を授けられ、姓を宿禰と賜い、授刀少将兼相模守に補せらる。中将に転ぜらるるの時、本姓を改めて道嶋宿禰と賜う。尋《つ》いで正四位上を加えられ、内厩頭《うちのうまやのかみ》、下総・播磨等の守を歴《へ》たり。

とあって、官職名などに多少後時的文飾があったりはするが、彼の側面像として描くところは、陸奥国牡鹿郡の東北豪族出身である出自、体貌雄壮志気驍武で生来馳射の巧な武技者として下級武官であったことの能力、宝字八年押勝の乱に際し勅命で訓儒麻呂を射殺したことによる抜擢である。これが今風表現をすれば〝三点組物〟で、それから以後の栄進はすべて乱における奉勅功績の流れの上にあるということになる。すくなくとも新規の功績はおろか活動も特記されてはいない。

一方苅田麻呂は対蹠《たいせき》的に鮮かに政界を生きた。律令時代の政界において、京畿官人と東北出身官人を対比すること自体が無理なのであろうが、この二人の姿にも「日本古代国家と古代東北」を対比的に表徴している歴史の一面を見る思いがすることも確かである。延暦三年（七八四）二月に川継事件の際には一緒にあつかわれた従三位大伴家持は持節征東将軍に任ぜられた。副将軍文室与企《ふんやのよき》以下属僚

も発令されているから、七十歳に近い老将は、道鏡の時の苅田麻呂のように一時的に背後からなにかを見るためなどという短期間の任務ではなく、藤原氏中心の政局から外されて風雲治まりがたく制圧困難の陸奥に抛《な》げ込まれたのである。それに対して苅田麻呂は新しい都城の地の下検分にでかけているほど前向き行政の権威の一翼を担っていた。坂上氏の立場は同じ大和豪族大伴氏に対しても卓越している。

この「山背《やましろのくに》国に遣わして、乙訓《おとくに》郡長岡村の地を相《み》せしむ。都を遷《うつ》さんが為なり」と説明された勅命による高級視察団は、中納言正三位藤原小黒麻呂《おぐろまろ》・従三位藤原種継《たねつぐ》・左大弁従三位佐伯今毛人《いまえみし》・参議近衛中将正四位上紀船守《きのふなもり》・参議神祇伯従四位上大中臣《おおなかとみのこ》子老《おゆ》・右衛士督正四位上坂上大忌寸苅田麻呂・衛門督従四位上佐伯久良麻呂《くらまろ》・陰陽《おんみようのすけ》助外従五位下船《ふねのた》田口《ぐち》という構成であった。中納言や参議をのぞけば、陰陽寮の占いや呪《まじな》いの専門家田口を別として文武両官の最高首脳が新都予定地長岡を視察したわけである。三衛府は防衛についての専門的視野からの検討に当たったものであろう。

六月十日、造長岡宮使の任命があり、中納言従三位藤原種継以下の官人が任命された。苅田麻呂はその人員のなかに入らなかったが、七月十三日右衛士督はそのままで備前守兼務となった。彼が新しい長岡京の時代になって政局と無縁になったのなどではなかった。それどころか延暦四年の七月六日の人事移動では左京大夫に任じられているから、長岡京ときわめて緊密な政治行政的地位を占めていたのである。右京大夫の発令は、彼が兼備前守になったとき従四位下石川朝臣垣守《かきもり》に対してなされているが、より重要な左京大夫についてはそこでの発令はなかったらしい。しかもこの間延暦三年（七八四）十一月十一日天皇は長岡京に移幸、遷都は名実ともに終っている。彼は同四年二月十二日従三位の高位に昇っていて、満を持して左京大夫に就任した形である。彼とともにこのとき右京大夫になったのは従四位下石川朝臣豊人であった。

苅田麻呂はこの従三位が極位であるが一門では前例なき栄進である。彼が左京大夫になったとき「右衛士督・下総守故の如し」とあるが、備前守から下総守に移ったのは延暦四年一月十五日であった。そしてその四年六月十日氏族のことを主張する二度目となる上表文を桓武天皇に奉った。

臣等は本、後《ご》漢霊帝《かんれいてい》の曽孫阿智王の後裔である。阿智王神牛の教によって帯方《たいほう》に出て、後に東国に聖王があると聞き、化に帰して来朝した。応神朝のことである。勅により迎えの一族を派遣して、尽《ことごと》く来日し、永く公民となって年を積み代を累ねて今に至った。現在諸国に住む漢人もその後裔である。臣苅田麻呂らは先祖の王族の立場を失って下人の卑姓を蒙っている。望み請うらくは忌寸を改めて宿禰の姓を賜わりたい。願をお許し賜わらば、寒灰更に暖にして枯樹また栄えるであろう。切望して上表する。（『続日本紀』）

という趣旨であった。聴許され、坂上・内蔵・平田・大蔵・文・調《つき》・丈部《はせつかべ》・谷・民・佐太・山口などの氏族が宿禰の姓を賜った。

このように一三年前よりも自家一門の族姓を尊貴にした主張を朝廷は公認したのである。坂上氏に、もっといえば苅田麻呂の帝都長官武将としての力に、権威を認め高い評価を下したのである。その原由を帰化系の皇太夫人高野氏の存在に求めるか、帰化人尊貴視論でとらえるかは説の分れるところかもしれない。むしろそれら全体の総合論で把握するのが当たっていると考えられるが、この問題では、やはり彼個人と次代の田村麻呂の存在をも見通したここ数代の坂上氏の国政上の力というものが、最も大きな評価の素因になったものにちがいない。彼の家だけが大忌寸であり大宿禰でなければならなかったことがそれを雄弁に物語っている。娘の又子（全子）は皇太子時代の桓武天皇の後宮に入って高津内親王の生母となったことも動機的にも結果的にも相関関係があろう。天皇即位後の延暦二年二月五日又子は従五位下になっているし、同九年七月二十一日には正五位上で卒去している。

このような自家繁栄のなかで、左京大夫に就任したのは改賜姓一ヵ月後のことになる。さらに十月十二日に右衛士督兼越前守になるが、『続日本紀』同年十一月二十五日条には、彼の息で本書の主人公坂上大宿禰田村麻呂が正六位上から従五位下に進んだことが記される。又子に遅れると二年十ヵ月である。二十八歳であった。

田村麻呂は二年後の同六年（七八七）近衛将監で内匠助《たくみのすけ》兼任の発令を受けたことが『続日本紀』三月二十二日条に見える。『田邑麻呂伝記』によると、将監就任は宝亀十一年二十三歳のときであるから文字通りの青年将校であった。この坂上家の状態のもとで、延暦四年一月七日、本章の初めに引用した薨伝の通り五十九歳の苅田麻呂は世を去り、坂上大宿禰家の家長は田村麻呂になるという、世代交替が行われたのである。

2　陸奥の阿弖流為

田村麻呂を迎えた陸奥　坂上田村麻呂が、歴史上でも日本社会の常識の上でも有名な、いわゆる征夷のことに直接関係するのは、延暦十年（七九一）七月十三日に征東副使に任ぜられたときである。だがこの年正月すでに百済俊哲《くだらのしゅんてつ》とともに東海道に赴き軍士の簡閲《かんえつ》や戎具《じゅうぐ》の点検をしていた。それもはっきりと「蝦夷を征せんが為なり」と説明されているのでその段階からだということになるが、そのときは藤原真鷲《まわし》が東山道に対して同じ役目をはたしていることで明らかなように、東日本をあげて征夷態勢を構築していたのである。したがって田村麻呂と東北という限定した関係でだけとらえなければならないということにはならない。ところでなにゆえにそのような態勢をとらなければならなかったのか、『続日本紀』延暦九年十一月二十五日条に「陸奥国黒川郡石神山精《いわがみやまずみ》社」が官社に列したこと、二十七日条に「坂東諸国、頻《しきり》に軍役に属す」という有様であることなどが語られるが、延暦九年も春からの動きを通観すると、陸奥国北部の神を官社にして奉斎しなければならない気持もよくわかるのである。

『続日本紀』の九年三月十日条の一連の人事移動の記事において、

従五位上多治比《たじひ》真人《のまひと》浜成《はまなり》を陸奥按察使《あぜち》兼守と為す。近衛少将従五位下坂上大宿禰田村麻呂を兼越後守と為し、内匠助故《もと》の如し。

とある。ごく通常のことのように見えるが、陸奥最高官僚の任命と田村麻呂の北陸最北の国守任命のことが、同時にしかも並んで扱われているところに、運命的なものを感じられなくもない。

ことにこのすぐ後、一ヵ月もたたない閏三月四日条には、

勅して、蝦夷を征せんが為に諸国に仰せ下して、革甲《かわかぶと》二千領を造らしむ。東海道は駿河より以東、東山道は信濃より以東、国別に数あり、三箇年を限って並びに造り訖《おわ》らしむ。

という征夷を宣言する国の大方針が示された。さらにその月のうちに二十九日条で「東海道は相模以東、東山道は上野以東の諸国に勅して軍粮の糒《ほしいい》十四万斛《こく》を乾し備えさせた。蝦夷を征討する為だ」と重ねて記録している。

同十月十九日条に「蝦夷を征して功ありし者四千八百四十余人に、その功労に随って勲を授け、位を進めたが、それは天応元年の例に従った」とある。例の伊治呰麻呂《これはるのあざまろ》の乱の際の論功行賞のやり方に従ったということであろう。そしてその二日後に太政官奏があった。

蝦夷は綱紀を犯し、長い間国の誅伐を逃れて、大軍で制圧攻撃したけれども残党はいまだ絶無にはならない。現在坂東の国では、久しく戦場に関わって疲労し、強壮の者は筋力で軍人となり、体力の貧弱な者は兵粮運搬の軍夫の仕事に従う。ところが富饒《ふじょう》の輩は徹底してこの苦労を免れて、

前後の続く戦にいまだ何の悩みにも遭っていない。さらにまだ諸国の人民は元来軍役から離れて、徴発の時にもまったく関与する所がない。その、貧者と富者との別、坂東と他の諸国との別によって、労苦している様子とそれから逃れている状態を比較すると、日を同じくして論ずることのできない隔差がある。

普天《ふてん》のもとは同じ皇国の民なのに、何で具体的なことでは皆が倶《とも》に同じ労をしないのか。この矛盾を解決するために、是非、左右京・五畿内・七道の諸国の官司に命令して住民も浮浪人も皇族・貴族も下級官僚も区別することなく甲を造るだけの財力のある者を検し登録し、その蓄財するところと住所姓名とを今年のうちに申告し訖《おわ》らしめるようにしたい。いくら造らせるかは各自に親ら上申させたい。我々は重臣としての職務に当たってこの状況を黙視できないのであえて考えを陳《の》べて天聴を煩《わずら》わすものである。

というのである。この官奏は奏可された。国政の公正ということからいって当然の処置であるが、それにしても東日本の負担の大きさは異常であった。

この異常は積年のいわゆる征夷の戦乱によってもたらされたものであるが、いったいその戦乱の実態や由来はどういうものであったのだろうか。直接的には先にもふれた伊治呰麻呂の反乱が発端であるが、由来ははるかに遠いのである。そしてこの延暦九年にいわれていることの直近の原因は延暦八年の征東大使紀古佐美《きのこさみ》の征東失敗作戦にあった。

延暦七年三月二日、軍粮三万五千余斛《こく》を陸奥国に命じて多賀城に運び収めさせたうえ、糒《ほしいい》二万三千余斛《こく》と塩の準備を東海・東山・北陸の諸国に命じ、しかも七月以前に乾糒して陸奥国に転運することを義務づけている。これらが陸奥にとっても諸国にとってもいかに苦労の多いことであったかは先の九年十月二十一日の官奏の指摘の通りである。これは当局から見ても過酷なこととわかることなので、特に「来年蝦夷を征せんが為なり」と、軍事上の緊急性を説明している。強弱を論ぜず役務に動員されたのであろう。

一方官奏で「強壮者」の労であると表現された軍人の件は、翌三月三日の勅で「東海・東山・坂東諸国は歩騎五万二千八百余人を調発し、来年三月を限り、陸奥国多賀城に会せ」という命令が出されている。当然この強弱を問わない人々の負担は、広く全国に対し拡散して割当てないかぎり、次の作戦行動を組み立てえないところまで窮迫してきていたことを物語る。そこに田村麻呂は重大な役割を背負って陸奥に関わる軍事世界に登場してきたことになる。

阿弖流為の出現　やがて田村麻呂と畢生《ひっせい》の対決をし対応をする阿弖流為《あてるい》なる現地の領袖《りょうしゅう》が、古佐美との大戦のなかで突如その名を現わす。もちろん奈良朝末から彼の存在は、「胆沢《いさわ》の賊」などと表現されてきた勢力のなかでしかるべき地位を占めていたものであろうが、史料上はまさしく「突如」なり「忽然《こつぜん》」なりという表現しかない形で名を現わすのである。

古佐美軍との戦で「賊帥夷阿弖流為之居」という形で一度のみ『続日本紀』延暦八年六月三日条に

記録されており、その前後に阿弖流為に関する記述はまったくないのである。もちろん一三年後の『日本後紀』に行動する人間として彼の名は表われるのであり、そこにおける顕著な存在感によって、古代東北史上の重要人物に位置づけられるのであるが、まだ田村麻呂が陸奥に赴任する段階までは、阿弖流為のことはなにも具体的には明らかになっていないのである。章題に『知られざる領袖』としたゆえんである。

だが、そのまったく経歴の史料も伝わらない領袖こそが、古佐美の大軍を副将軍が法に照らせば「斬刑尓《に》当里《り》」と宣命で譴責されるほどの大敗に追込んだのである。朝廷がいうには、このころの奏をみると官軍は進軍せずになお衣川《ころもがわ》に滞ることを知った。この状態は、四月六日の奏では「三月二十八日に官軍は河を渡って、屯営を三ヵ処に置いた。その形勢は鼎《かなえ》の足のように安定充実している」とあったが、それ以来そのままだということになる。三十余日も滞留している理由がわからない。と不審がられる状態だったのである。

勅は「夫れ、兵は拙速をこそ尊ぶもので、巧遅でいいとは未だ聞いたことがない。このようにしていては極暑の六、七月になってしまう。今突入しなければ時機を失してしまう。そのようになってから後悔してもおよばない。将軍らは機に即応して進退し、行動に間然《かんぜん》するところのないようにしなければならない。それなのに久しく一処に留まり時日を重ね兵糧を消費している。朕《ちん》が案じ怪しんでいるのは只この一事だ。滞留の理由と賊軍の消息を具体的に駅馬によって報告せよ」ときびしく糾問し命令している。

こういわれては征東軍も黙ってはおれない。あまり間をおかずに前進行動にでたようである。『続日本紀』延暦八年六月三日条に、将軍奏とそれを受けて発せられた勅とがある。奏は何月何日の戦だったのかを明示していない。多分数日間の戦闘経過があったのであろうから、十二日発の勅命が着くとすぐ実戦に移ったもので、結果を報告して一〇日ぐらいで六月三日に奏が着いたとすれば、行動期間は一〇日間ぐらいだったことになろう。

駅馬についての、陸奥国から都まで調庸の輸納の公定日数のような規定は特にないが、調庸では陸奥に下る場合の空荷の日数が二五日であるから、一〇日ぐらいと想定することができる。今回の征夷軍についても七月十七日の勅には次に見るごとく「今月十日の奏状を得るに云々」とあるので、この場合は一週間ぐらいでとどいている。とにかくその三日条に採録されている奏によると次のようになる。なおこの間副使の一人佐伯葛城《さえきのかずらき》は卒去し、五月二十六日に贈位のことがあった。

阿弖流為の応戦　奏文をたどると、「兵は拙速」といわれたことの薬がききすぎたらしく、少なからず軽率のところもあったようである。まず副将軍入間広成《いるまのひろなり》・左中軍別将池田真《いけだのま》枚《ひら》が、前軍別将安倍《あべの》猨《さ》嶋墨縄《しまのすみなわ》と協議して決めた作戦は「三軍謀を同じうして、力を合わせて、河を渡って賊を討とう」ということであった。その時間的打合せもすんだので、中・後軍から二〇〇〇人ずつの兵を選出して、同時に川を渡った。北上川である。いうまでもなく五万二千八百余人の動員大軍からすれば四〇〇〇の兵は大した数ではないが、単独に四〇〇〇の実戦部隊を考えればそれは大軍である。

この大軍が攻め立てたのである。賊帥の夷阿弖流為の居地に至ったころ、賊徒と書かれる現地勢がそれを迎撃する。官軍が強いため彼らが退いたと見られるほど簡単に退却した。追跡軍は得たりとばかり焼討ちしながら進み、現在の四丑《しうし》あたりに擬せられる巣伏《すふし》村まで至り、まさに前軍と合体しようとしたとき、急に拒まれて川を渡れなくなったのである。当然拒む軍の指揮は阿弖流為がとっていたわけであるが、そこに八〇〇人許《ばか》りが拒戦に加わった。はなはだ強力で官軍が少しく引くと、賊徒はすかさず衝《つ》いてくる。さらに四〇〇人ばかりが多分田茂《たも》山方面を指すのかと思う東山からでてきて官軍の後を絶つ。官軍は前後に敵を受けたことになり、「賊衆奮い撃つ」と表現されるような状況になる。官軍は排除されてしまう。

結局、別将丈部善理《はせつかべのよしまさ》・進士《しんじ》高田道成《みちなり》・会津壮麻呂《おまろ》・安宿戸吉足《あすかべのよしたり》・大伴五百継《いおつぐ》らが戦死した。別将というのは実質的に部隊長であるから、左中軍別将従五位下池田真枚《まひら》や前軍別将外従五位下安倍猨嶋墨縄らよりは一段下の部隊長で、真枚や墨縄が連隊長とか大隊長とかなら、彼らは中隊長ぐらいの格であったと認められる。だから位も外従七位下だったのであろう。進士は元来文官系のいわば高等文官試験合格者とでもいうべき系列の役人であるが、道成はやはり初任青年武官として派遣されていたのであろう。見習士官とでもいうところであろうか。会津壮麻呂は会津の郡司層豪族の軍毅《ぐんき》級の人物であろうし、以下の二人も東北南部か坂東あたりの出である下級武官であろうが、いずれにしても有能な実戦指揮官を失ったことは戦術的にだけではなく戦略的にも大きな痛手であったに違いない。先に三〇〇の兵で巧みに誘い込み、一二〇〇の挟み撃ちで大打撃を与えた阿弖流為軍の作戦はなかなかのものである。

もともと地の利を得《え》ている阿弖流為軍の戦術と戦技は、いわば遊撃戦であり、進出退入自由自在である。何千何万の軍隊を導入しようとも、正面から対決して大会戦で制圧できるというような相手ではないことを、政府は認識していないように見える。実際は宝亀以来の征役の継続のなかで現地に出動して経験の豊富な実戦部隊は熟知していたが、公卿《くぎょう》僉議《せんぎ》の面々などが認識不足だったものであろう。実はここから先は具体的戦闘場面の描写がない。『続日本紀』編纂段階の整文なのか、奏が初めから簡略にしたのかは定かでないが、現条文ではすぐ総括記事になっている。

すなわちまず誇らしく「惣《す》べて賊の居を焼き亡ぼしたるは十四村、宅にして八百烟《えん》ばかりなり。器械や雑物は別記の通り」とのべた後、つづけて「官軍戦死するもの二十五人、矢に中《あ》たるもの二百四十五人、河に投じて溺死するもの一千三十六人、裸身にして泳ぎ来たるもの一千二百五十七人、別将出雲諸上《いずものもろかみ》・道嶋御楯《みちしまのみたて》らが余衆を引きて還り来れり」と結んでいる。敗戦したとも慚愧《ざんき》にたえないとも書いてはいない。彼らにしては強力な阿弖流為軍を相手に当然の結果だと思ったのか、都ではこの報告でも十分まかり通ると考えていたのかいろいろに想定することはできるが、近時著者は「将軍たちの任は天皇から委任された統帥権《とうすいけん》の行使で、彼らの率いる大軍は王師《おうし》なのであり、しかも征討されるべき相手は東夷である」「大国策として断行された征東・征夷のことが、単に『軍を損じ粮を費す』であることは許されないのである。不成功や敗戦の事実そのものが不忠であるのは当然として、その事実をそのまま表現記述するようなことも、大君《おおきみ》の稜威《みいつ》を傷《そこな》う不臣《ふしん》行為の最たるものであるということになる」とされたからだと考えている。

別将出雲諸上・道嶋御楯が余衆を引率して軍を掌握できたのは不幸中の幸いで阿弖流為軍の一方的追撃は受けずにすんだのである。「別将」が諸上にのみかかるのか、御楯にも前者同列でかかるのかは解釈が分かれるかもしれないが、道嶋氏の数代にわたる政治や行政との関わりからすれば別将でもふさわしくないことはない。出雲氏が下向赴任している士官であることはきわめて一般的なありかたであろう。

御楯の場合は、これ以後の彼の地位や活躍からも別将でも不当ではないことが推し測られる。そしてそれは今回の戦功によってもたらされるものだとしても理が通る。しかし中央の嶋足、在地における三山・大楯など、一族の先輩のありかたから推しても丈部善理ぐらいの格であってなんの問題もない。そこにまた宝亀における伊治呰麻呂《これはるのあざまろ》と道嶋氏の関係にきわめて似た阿弖流為と道嶋氏の関係の構図が浮かび上がってくる。だがいずれにしても相手側は、住地は戦場にされ村落は焼かれたが人的損害はほとんどなかった。それに対して古佐美軍は一千人以上の兵員損害を出したのであるから、元来戦死者というものの数の少ない古代の戦闘においては、稀に見る大敗であった。朝廷は調子のいい報告を容認しなかった。

阿弖流為の地力　奏に対して勅は「近頃の奏を見ると許せない」とばかり叱責《しっせき》を加えるのである。奏では「胆沢の賊はすべて河の東に集まるから、まずこの地を征して後に深く進出する謀《はか》りごとだ」といいながら、そのためには軍監以上が兵を率い勢を整え、威容を厳にして前後相接して肉薄して攻撃すべきなのに、実際は軍は少なく将は身分階級の卑《ひく》い者であった。だから制圧するどころか逆に敗《はい》績《せき》してしまった。これはその道を攻める副将軍等の計策の失敗だ。善理以下戦死者や溺死者を悼《いた》み惻《そく》怛《だつ》の情たる切なるものがある。ときびしい語調であった。当然であろう。

それにしてもただ一つの戦果のように官軍の勢い強く「且つは戦い、且つは焼いて進撃した」と表現されている阿弖流為勢力の村落のことであるが、一四村八〇〇戸におよぶというこの焼討ちはやはり大きなものである。もし自分たちの失態を糊塗《こと》しようと誇大報告をしたにしても数百戸の戸数は大きな意味を持つ。仮に半分だとしても四〇〇戸は令制の五〇戸一郷制で八郷分ある。『倭名《わみょう》類聚抄《るいじゅしょう》』では、今の岩手県南部でいえば磐井《いわい》郡および胆沢《いさわ》郡は七郷、江刺《えさし》郡は四郷である。南では黒川郡・志《し》太《だ》郡三郷、遠田《とうだ》郡・長岡郡二郷などとなっている。三郡は構成できそうである。その地は奏の表現にそのまましたがえば北上川と支流人首《ひとかべ》川の流域あたりになるが、実際は「且つ戦い且つ焼く」という表現を重視するとかなりの広範囲にもなりうる。そうなれば、その「烟」と数えられる家が竪穴《たてあな》住居であるにしても、それは巣伏に入るまでに現在の宮城岩手県境のあたりから金成《かんなり》―一関《いちのせき》―平泉《ひらいずみ》―前《まえ》沢《さわ》―水沢《みずさわ》―江刺と辿って道筋を焼き払うということであれば、四〇〇も八〇〇も戸数に現実性はあることになる。

そうなると、この岩手県南部北上川流域には四〇〇なり八〇〇なりよりはもっと多くの家があったことになる。進路は一本の道筋で焼いたのは帯状であったにしても、阿弖流為とその一党の領域ははるかに広域の拡がりになるであろう。また仮定をして四〇〇烟の四倍、八〇〇烟の二倍一六〇〇烟だとすると、三二郷になるから、伊賀国の四郡一八郷・飛驒国三郡一三郷・若狭国三郡二一郷・能登国四郡二六郷よりも大きいことになる。だからこそ四〇〇〇の官軍など「何するもぞ」とわたり合うだけの兵力を、阿弖流為はだしえたのである。これは「あろう」ではない。現実にあの巣伏の戦を戦ったのであるし、そのうえ勝つだけの力があったのであるから、疑う余地はない。

さらに胆沢・江刺の地区の背後を考えてみると、二二年後に和我《わが》・稗縫《ひえぬい》（き）・斯波《しわ》三郡が設立される北上川のより上流域が存在する。ここが阿弖流為の直接支配区域でないにしても、十分の連繫関係を持っていたはずである。そこにうかうかと誘われて深入りすれば惨敗することも不思議ではないが、征東軍としては王師の面目を飾らなければならない。「やられました大敗です」とは報告できなかったわけである。しかし現地を朝廷の高官がよく理解していなかったとはいっても、かさねてでてくる奏状によって報告の矛盾に関しては完全に理解していたのである。

『続日本紀』六月九日条に、もう戦争は終ったという意味の征東将軍奏が収録されている。そこに

は「子波《しわ》・和我」という地域も意識されていて、しても輜重《しちょう》線が長すぎるなどという愚痴がのべられている。それは、

胆沢《いさわ》の地は賊奴の奥区なり、方今《ほうこん》大軍征討して村邑を剪除《せんじょ》すれども、余党伏し竄《かく》れて人物を殺略す。又子波《しわ》・和我《わが》は僻《へき》して深奥にあり、臣等遠く薄伐《はくばつ》せんと欲するも粮運艱《かん》あり。其れ玉造《たまつくりの》塞《とりで》より衣川営《ころもがわのたむろ》に至るまで四日、輜重《しちょう》の受納二箇日、然る時は則ち往還十日なり。衣川より子波の地に至るまで行程仮令《たとい》六日なれば、輜重往還十四日なり。総べて玉造塞より子波の地に至るまでは、往還二十四日の程《てい》なり。途中賊に逢いて相戦い、及び雨に妨げられて進まざるの日は程の内に入らず。河陸両道輜重一万二千四百四十人、一度に運ぶ所の糒《ほしいい》六千二百十五斛《こく》、征軍二万七千四百七十人、一日に食む所五百四十九斛、此を以て支度するに一度に運ぶ所は僅かに十一日を支えるのみ。臣等商量《しょうりょう》するに、子波の地を指すときは支度交々闕け、征兵を割きて輜重に加うるときは則ち征軍数少くして征討するに足らず。加以《しかのみならず》、軍入りしより以来、春夏を経渉して、征軍輜重並に是れ疲弊せり。進まんとすれば危《あやうき》あり、持《たも》たんとすれば利無し。久しく賊地に屯して粮を百里の外に運ぶは良策に非ざる也。蠢尓《しゅんじ》たる小寇と雖も、且つ天誅《てんちゅう》を逋《のが》る。而して水陸の田、耕種することを得ず。既に農時を失すれば滅びずして何をか待たん。臣等議する所、軍を解き粮を遺して、非常を支擬《しぎ》するにしくは莫《な》し。軍士食む所日に二千斛、若し奏を上《たてまつ》って裁を聴かば、恐らくは更に糜費《びひ》多からん。故に今月十日以前解出の状を牒して諸軍に知らせ、臣等

が愚議して、且つ奏し且つ行わん。

という一方的なものであった。当然朝廷は驚き怒った。それは奏を受けて出した勅報に明確に表われている。奏の矛盾は明白なのである。

今先後の奏状を省《かえりみ》るに曰く、賊は河東に集まりて官軍に抗拒《こうきょ》す。まずこの地を征して、後に深く入るを謀らんてえり。然れば則ち、深く入ること利あらずして、応《まさ》に以て軍を解くべくば、状に具《つぶ》さにして奏上し、然る後解出するとも未だ晩《おそ》からず。而るに曽《かつ》て進み入らず、一旦にして兵を罷《や》む。将軍等の策その理安《いず》くにかある。的《まさ》しく知る、将軍等兇賊《きょうぞく》を畏憚《いたん》して、逗留為せる也。巧に浮詞《ふし》を餝《かざ》って、罪過を規避《きひ》せんとす。不忠の甚しき、斯より先なるは莫し。又広成・墨縄は久しく賊地に在って、兼ねて戦場を経たり、故に委ぬるに副将軍の任を以てし、其の力戦の効を佇《ま》つ。然るに営中に静処して、坐《い》ながらに成敗を見、裨将《ひしょう》を差《つか》わし入れて、還《かえ》って敗績《はいせき》を致す。君に事《つか》えるの道、何ぞ其れ此くの如からんや。其れ師《いくさ》出でて功無きは、良将の恥ずる所なり。今軍を損じ粮を費して、国家の大害を為す。閫外《こんげ》の寄《き》、豈《あに》それ然らんや。

と不忠とまで烙印を捺されたのでは、とくべつ良将にはかぎらず普通の将軍でも大恥である。そしてこれで古佐美征東軍は和我（和賀）から子波（志波）をめざしていたものであることがはっきりする。この広大な地域を単一に阿弖流為が支配してはいなかったにしても、彼が「賊帥《ぞくすい》」と位置づけられていることは明白である。当然指揮権を掌握していたものであろう。その地力たるや令制小国の一国を凌ぐほどの潜在力・底力を持っていたとしてもおかしくはない。
裨将《ひしょう》を差遣《さけん》したことが問題になっているが、裨将の語は『漢書《かんじょ》』にも用例はあり、助将とか副将の意であるが、どうもここでは征東副将軍入間広成と前軍別将の安倍猨嶋《あべのさしまのすみなわ》墨縄に対し、名指しで彼らが営中にいて裨将を差遣したと叱責しているのであるから、もっと下級の将校を意味している。運粮輜重の艱難を言い立てて、専行で兵を解いたのは、現地に出動した将軍たちが、しょせん、阿弖流為の勢力圏は抜けないと判断したからであろう。

史料上所出箇所が少なく一般に知られざる領袖だった阿弖流為も、ここでは、直接闘った征東軍にはもちろん、長岡京の関係都人士たちにも、名の知られた存在になっていたものと考えられる。ただ知られるようになった領袖の勢力も、やはり一日にして成ったものではなかった。長い前提の歴史があった。

二　田村麻呂までの鎮守と征夷

1　律令制の展開と東北

大化以後の対蝦夷政策　大化改新の段階で最初に史上に見えるのは北越の柵のことである。『日本書紀』大化三年（六四七）の是歳《このとしのじょう》条に「渟足《ぬたりのき》柵を造りて柵戸《きのへ》を置く。老人等、相謂《あいかた》らいて曰《いわ》く、数年鼠《ねずみ》東に向うて行くはこれ柵を造るの兆かと」とあり、さらに同四年是歳条にも「磐舟《いわふね》柵を治《つく》りて以て蝦夷に備う。遂《つい》に越《こし》と信濃との民を選び始めて柵戸を置く」とある。渟足は沼垂《ぬったり》に、磐舟は岩船《いわふね》に遺名を認めるが具体的遺跡の場所はまだわからず、形態も現在まではっきりしていない。遺名からいって渟足は信濃川河口北岸の砂丘に位置していたものと考えられる。付近の木戸《きど》というい くつかの集落はこの柵に配置された柵戸の名残かもしれない。河道の変遷や砂浜の侵蝕もあって遺跡の確認をむずかしくしている。磐舟も岩船潟と関係があろう。前方には大鳥屋岳《おおとりやだけ》の尾根の伸びた山地がありその手前に三面《みおもて》川が流れる。

渟足柵は『日本書紀』斉明天皇四年条では機能していたことがわかるが、その後国史にはでてこない。しかし平成二年に新潟県三島《さんとう》郡和島《わしま》村八幡林《はちまんばやし》遺跡から発見された木簡《もっかん》にも「沼垂城」と「養老」の文字が記されているごとく、奈良朝になってもこの柵の後をうける施設が生きていたらしいことを推知できる。そして一方磐舟柵については文武朝になっても修営が加えられていたことを『続日本紀』によって早くから知られていた。文武天皇二年十二月二十一日条に「越後国をして石船《いわふね》柵を修理せしむ」、同四年二月十九日条に「越後佐渡二国をして石船柵を修営せしむ」とあるのがその該当記述である。

両柵設置は、こののち東北各地に現在の歴史考古学で「城柵官衙《じょうさくかんが》」と呼ばれる施設が営まれることに照らしても、きわめて重要な歴史的意味を持っている。柵は蝦夷を対象にしていること、造柵は故老から注目を受け、物議に類する話題になるという、仮託説話によって示される通り、その創設は相当画期的な政策であることなどが窺える。ところで大化改新詔の発せられたという記述のある大化二年正月是月条に「蝦夷親附」とあるように、蝦夷問題は改新以前からあったわけで、日本武尊以来の説話的伝承も十分に参考にすべき部分的意味を持っている。

日本氏姓古代国家にとって、東国の延長上に位置する東北は、すでに国造《くにのみやつこ》制下において現在の宮城県南部内陸の伊久（伊具《いぐ》）と沿岸の思（亘《わたり》）までは統治圏内に入っていたのであるから、いわゆる蝦夷《えみし》関連のものごとは、政治的にも文化的にもいろいろあったにちがいないのである。そしてこの親附などは改新から四、五年前になる皇極《こうぎょく》天皇元年（六四二）に数千の蝦夷の内附があったことの継続であろう。その段階は蘇我《そが》氏主導の蝦夷政策であったから、改新によって政権担当者が変っても、対夷政策軽視の方向などには転じなかったことを示している。むしろ強化されたのである。それはさもありなんと思う。東北を除外した古代日本などはないのだからであり、また蝦夷の側も古代日本と絶縁して独立で古代国家体制を形成することはできなかったのだからである。

大化改新後まもなく陸奥国は設置された。奥羽山脈から西の裳《も》上評《がみのこおり》（後の最上郡）なども国域であった。天童《てんどう》市西沼田《にしぬまた》遺跡や山形市島《しま》遺跡のような農村遺跡も、充実した当時の状態を示しているから、現在の宮城・福島両県方面と十分連繫を取って行政展開ができたのであろう。古墳でいっても置《おき》賜《たま》盆地には川西町の天神森《てんじんもり》のように前期に位置づけられる前方後方墳《ぜんぽうこうほうふん》もあるのだから不思議はないともいえる。斉明天皇元年（六五五）難波朝《なにわのみかど》すなわち今の大阪の京で北（北とは越国《こしのくに》）の蝦夷九九人、東（東は陸奥国）の蝦夷九五人が饗を賜い百済調使一五〇人、柵《き》養蝦夷《こうのえみし》九人、津《つ》刈蝦夷《がるのえみし》六人が冠位各二階を授けられたことが『日本書紀』に見える。やはり令制形成期において陸奥《みちのおく》すなわち道奥と越とが、東夷《とうい》・北狄《ほくてき》という対置において蝦夷問題の当事国であることがわかり、柵養（城養）というだけで固有名詞は冠してないが、さきの二柵か、『日本書紀』斉明天皇四年七月四日条に見える「都《つ》岐《き》沙《さ》羅柵《らのき》」かが関与しているのであろう。津刈すなわち津軽とともに日本海側にかかわっていることがわかる。また元年是歳条に蝦夷と隼人《はやと》が衆を率いて内属し、天闕《てんけつ》に詣って朝献したことが見える。国勢が南北に伸張する状況ともいえるが、陸奥が越とともに国家的重視を受け、そこに蝦夷のことがかかわっていたことがわかる。

そして二〇年近くあとになるが『日本書紀』天武天皇五年（六七六）正月条には「凡そ国司を任ずるには、畿内および陸奥・長門を除き、以外は皆大山位《だいせんい》以下の人を任ず」とあるのを見れば、畿内や長門と同じに陸奥では一般の国よりも位の高い地方官が任用されていたわけで、それだけ令制成立期から東北の国が重視されていたことがわかる。それは単に国土が広いからだけではなく、北東の辺要の国だという日本全体からの視野があってのことであると考えられる。

阿倍水軍の北航　いまだ出羽国はなく日本海側の最北は越《こし》であったが、陸奥側だけではなく越の北方にもさまざまな動きがあった。最も顕著な史実は阿倍引田臣比羅夫《あべのひけたのおみひらふ》の水軍の連年の北航である。『日本書紀』は「阿倍臣名を闕く。船師《ふないくさ》一百八十艘を率《ひきい》て蝦夷を伐《う》つ」（斉明天皇四年四月条）、「阿倍臣名を闕く。を遣して、船師一百八十艘を率て、蝦夷国を討つ」（同五年三月条）、「阿倍臣名を闕く。を遣して、船師二百艘を率て、粛慎《みしはせ》の国を伐たしむ」のようにすべて征夷・征粛のことと位置づけている。それは奈良朝初期に東北・北越に軍をだせば「征夷狄《いてき》」と考えられるような世間の実情を前提とするかぎり、妥当であり自然の判断だと思う。二〇〇艘近い船団が、しかも水軍として、一級の水師提督《ていとく》ともいうべき越《こし》国守阿倍臣（『日本書紀』五年割註或本によって名を闕く人物が阿倍引田臣比羅夫であることがわかる）

が統率しているのである。「水軍出動すわ戦争」の発想は誰でもいだく。それどころか四年には齶《あぎ》田《た》・渟代《ぬしろ》・津軽の建郡（評）や郡領（評造）任命すなわち国守としての行政支配権行使とでもいうべきことをしているのである。軍事権と行政権を顕示しているとすれば、それは軍事征服をしそこに地方行政区画を設定したのであるという筋道において受止められるのが常識である。

ところが戦闘はなかったのである。『日本書紀』斉明天皇五年条に引用の『伊吉連《いきのむらじ》博徳《はかとこ》書《のふみ》』に見られるような「五穀なく肉を食って生活している」という表現を実際に語るような齶田の蝦夷恩荷《おんが》にその生習を認めて、位を与えているということにおいて観取できるように、初めから武力制圧は考えず北航したのであろう。そういえばこの博徳書に「小錦下坂合《さかい》部連《べのむらじ》石布《いわしき》」とあり、本来斉明朝では「小花」とすべきのを小錦とする当時の冠位と異るものを用いているのを参考にして、比羅夫によってその地位を与えられたであろう渟代郡少領宇婆佐《うばさ》に斉明天皇四年七月四日条によって「建武」の冠位を授けたとあるのを、立身という当時の制度で書くべきものを、博徳書の筆法と「まったく同類の例」とした旧著『古代東北史の人々』の私見に対し荊木美行氏から平成元年の「位階制の一断章」（『古代の東北』高科書店）という論文で「いま少し慎重に考慮すべき余地があると思う」と否定的教示を得ていたが、お応えする機会がなかった。あらためて慎重であるべき件についてはのべるべきであろうし、荊木氏の指摘する博徳書の小錦・小花についての論及もここでは一応控えるが、要は三郡領（評造）任命のようなことは比羅夫北航の結果で、宇婆佐は少領（助督）として大領（評督）沙尼《しゃに》

（奈《な》）具那《ぐな》の一階下の冠位を与えられたことを統一性ある文体で読み取ったものであった。比羅夫は、かく現地の本性を認めた上でそこに郡評制を施行したことを強調したわけである。もっと実際的にいえば、それは秋田・能代・津軽（多分十三湊《とさみなと》）という北方の良港津を支配している勢力を系列下に入れて、その港津を掌握したのである。なぜに港が必要かといえば彼は水軍の所有者だからである。

水軍を所有する彼は、二つの面から港が必要であった。自船団の碇泊のためとその港に来航する存在への接触のためとである。前者については、三年にもわたるこの北航の直接軍事上の目的としては、航海訓練、とりわけやがてきたるべき日に対馬・朝鮮海峡を乗切るための津軽海峡渡海訓練であったものであろうことは、当時の国際環境に照してすぐに考えられる。また航行訓練といっても当時の航海は風と潮を利用しまた避けて浦廻《うらわ》浦廻《うらわ》を伝わり、陸地沿いに航行したので、三つの港だけではなく、碇泊できる港が今より以上大切であった。当然加茂《かも》も酒田《さかた》も象潟《きさかた》も本荘《ほんじょう》も辿ったのである。その点では森浩一氏の潟湖伝い航路説は、考古学的論拠も豊かな卓見で、三〇年ばかり前から主張してきた古代日本海における北の海みちに関する私見と同じ趣旨であり積極的に支持できる。

しかし航海や碇泊の訓練ということだけならなにも先の三港だけを特に対象にする必然性はない。やはり北方ではこの三港が大きく、かつ勢力ある豪族の拠点であったことも一つの素因であろう。さらにもう一つ重大なことがある。本荘や酒田までの南方の港津では満足させえない条件があったものにちがいないということである。そしてそれは必ずしも水軍の保持のための軍事上のことではない。

実はそれは交易に関わることであった。

交易の対象は粛慎《みしはせ》である。『日本書紀』斉明天皇六年三月条にそのことは詳しい。そしてここでは粛慎と交易しようと商品提示をしたが商談が成立せず、両方がいわば武装商船隊なので結果的に弊賂弁《へろべ》嶋の戦闘になり、『日本書紀』の「粛慎国を伐つ」という文頭の定義も成り立つようなことになった。この期待もしておらずおそらくは避けたかったと察せられる事実展開の記述は、割合いに一般的認識となっているのであるが、実際は斉明天皇四年是歳条・五年三月是月条の「或本云」にも、六年五月是月条にも粛慎と接触のあったことが記されるが騒擾はなかつた。五年の四九人、六年五月条の四七人など人数が近く、記事重複かとも疑えるが、とにかく都で饗応をしているのであるから平和的で、決して単純に征服とか討伐とかの対象であったわけではない。大きな河に関係があるので石狩湾の北の天売島・焼尻島か、それとももっと北の礼文島や利尻島などであるのか、震災を被ったあの奥尻島でもあるのか不明だが、弊賂弁というところに一定の拠点を持つ状況だったこともわかる。

越国守比羅夫は、自己勢力の交易利潤も考えたには違いないが、より大きな国政的要請にもとづく任務として、この北方対岸の粛慎との交渉や交易の途を開くべき職責があったものと見られる。彼のもたらしたものが羆《ひぐま》皮などのような国家行事や礼式に必要なもので、後に渤海《ぼっかい》使が交易品として舶載する物であったことなどを考え合せると、当時の日本国家は、新羅《しらぎ》の背後に高句麗《こうくり》と隣接して領域を占めていた粛慎に外交的な接触を保つことを企図していたものかもしれない。そしてその人々は秋田以北の港津までしか南下してこないのが常であったことが察せられる。結局彼らの来航は、沿海《えんかい》州《しゅう》・樺太《からふと》島・北海道島と浦廻《うらわ》や小さい島嶼《とうしょ》の浜や入江を辿って津軽や秋田に来着し、また帰航していたものであったことを、推知せしめるのである。

『日本書紀』天武天皇五年十一月是月条にも粛慎来朝のことがあり、持統天皇十年にも粛慎人志良《しら》守叡《すえ》草《そう》の賜物のことが見える。前者は新羅人と同伴であるから西の海みちできたかもしれないが、後者は越度《こしのわたりしま》嶋蝦夷伊奈理武志《いなりむし》とともに錦の袍袴《きぬはかま》・緋と紺の絁《あしぎぬ》・斧などを賜与されているのであるから、比羅夫が関わりをたしかにした北の海みちで来航した者にちがいない。しかも与えられたものは、その際弊賂弁の粛慎に提示された繊維品と鉄製品であり、北方への交易品の典型にほかならない。そしてこれが後には靺鞨《まっかつ》を対象にして引き継がれて行く性格を持つ物なのである。

似たような北航が三年つづけて書かれているため、一回のことが重複記載されたとする説が江戸時代以来あったが、決してそんなものではなかった。もし白村江《はくすきのえ》の戦で惨敗し結局百済が滅亡するというようなことがなければ、そして比羅夫が越国守でありつづけたならば、阿倍水軍の北航は、古代東北の政治軍事上の経営展開に関しもっと建設的固成的に継続され、北方交易の展開にもしかるべき役割をはたしたにちがいない。戦後いわば日本の虎の子水軍になった阿倍水軍の提督は、日本の国防上最緊要の西の海域を守るべき大宰率《だざいのそつ》に就任することになり、ふたたび北の海に出航することはできなかった。そのことは阿倍比羅夫の持っていた国政上軍令上の重要な立場を明確にし、ひいてはその彼を派遣した国家の、東北と北の海みちに対する本来の重視姿勢をも物語っているのである。

出羽国の成立　きわめて簡単ではあるが、『続日本紀』和銅元年（七〇八）九月二十八日条に「越後国言《もう》す。新たに出羽《いでは》郡を建てんと。許す」とあり、出羽の地名が初めて史籍に表われる。古訓は「伊氐波《いでは》」であり、出羽の羽は音標で本義は出端であろう。当時越地方の最北部の越後国の国府は上越地方にあった。現在の新潟県岩船《いわふね》郡山北《さんぽく》町のあたりからさらに北の山形県庄内平野および秋田県由《ゆ》利《り》郡南部を見通すような地域に、突出した郡を形成したわけである。文字通りの「出端郡」である。

しかしこの新しい郡は国府が上越地方にある越後国にとって「過度出端郡」で、統治上不便きわまりないところである。その上にこの建郡は現地の蝦夷とか蝦狄とかと表現される原住の人々の反発を招いたのである。その意味でも難治郡であった。すなわち『続日本紀』和銅二年三月五日条には、

陸奥・越後二国の蝦夷、野心馴《な》れ難くして、屢々《しばしば》良民を害す。是《ここ》に於て使を遣して、遠江・駿河・甲斐・信濃・上野・越前・越中等の国より徴発せしめ、左大弁正四位下巨勢《こせ》朝臣麻呂を陸奥鎮東将軍とし、民部大輔正五位下佐伯宿禰石湯《いわゆ》を、征越後蝦夷将軍とし、内蔵頭《くらのかみ》従五位下紀朝臣諸人《もろひと》を副将軍と為して、両道より出でて征伐せしむ。因りて節刀幷びに軍令を授く。

とあって、七月には諸国に命じて出羽柵《いではのき》に兵器を運送せしめた。蝦狄を征するためだと説明している。さらに北陸道の越前・越中・越後・佐渡四国に命じて船一〇〇艘を征狄《せいてき》所に送らせた。八月二十五日将軍らは事を終って入朝し、九月十二日には征狄将軍らに禄を賜ったとあるから征旅は目的を達した

ことになるが、「狄」字を積極的に用いているところに出羽郡の持つ「北」の性格が明確になる。だが出羽という北に突出した地区を越後国は管轄下から独立させることになる。

『続日本紀』和銅五年（七一六）九月二十三日条の、

国を建て彊《きかい》を辟《ひら》くは、武功の貴《たっと》ぶ所、官を設け民を撫すは文教の崇《たっと》ぶ所なり。其れ北道の蝦狄《かてき》、遠く阻険に憑《よ》り、実に狂心を縦《ほしいまま》にして、屢々《しばしば》辺境を驚かしき。官軍の雷撃に自《よ》り、凶賊霧消して、狄部晏然《あんぜん》に皇民擾《わずら》わしきこと無し。誠に望むらくは、便《すなわ》ち時機に乗じて、遂に一国を置き、式《も》って司宰を樹て、永く百姓を鎮せん。

という太政官の論奏に対し、奏可して出羽国設置が決ったのである。だがはっきりと指摘して置いたように、出羽国が出羽郡を享《う》けるだけでは国域はなはだ細長い。十月十日に陸奥国から最上《もがみ》郡と置賜《おきたま》郡を割いて出羽国に併わせることになる。当然、この現在の山形県内陸部の延長上の秋田県内陸部も、この国の国域として見通されることになる。最上郡は平城京跡出土木簡では「陸奥国裳上郡」と記し、置賜郡は『日本書紀』の持統天皇三年正月条では「陸奥国優嶰曇《うきたみ》郡」と記していた。奈良朝に入って表記が改められたのであろう。

そしてその優嶰曇郡についての個条は、東北の古代史上きわめて意味ある内容である。まず『日本書紀』の編まれた段階まで優嶰曇と音標的に表記されていたものであろうことが知られる。そして裳上については『日本書紀』の表記についてはは記述がないので確かめえないが、『続日本紀』和銅六年五月二日条の風土記撰進の命とか、『出雲国風土記』などに見られる神亀三年民部省口宣《くぜん》とかなどによって佳字に改められたのであろうということも推知できる。次に条文は、郡人で城養《きこうの》蝦夷《えみし》である脂利古《しりこ》の男の子である麻呂と鉄折《かなおり》とが入道を望み、彼らが若い時から閑雅《かんが》・寡欲《かよく》・蔬食《そしょく》・持戒《じかい》という出家の条件を満たしているというので修道を許されたとの内容である。城養というのは柵養というのと通ずるが、置賜盆地の豪族がどこかの柵の管轄下にあったことを物語る。そしてその蝦夷の豪族の子息が、仏法に帰依《きえ》し、信者にとどまらず沙門《しゃもん》になろうと希求し、しかも狩猟肉食を主としていたと考えられる現地蝦夷なのに、蔬食になじんでいたということは、いわゆる城柵官衙のもとに属することで彼ら世代では、蝦夷といわれながらも米食生活も進展していたことを示している。

さらにもっと根本的には、仏法というまったく未知であったはずの宗教文化を受容したという、精神面の変質に注目されるのである。実際にその正月九日に越の蝦夷沙門道信《しゃもんどうしん》という蝦夷僧が仏像以下を賜与され、七月一日に陸奥蝦夷沙門自得《じとく》が請うて金銅薬師像・観世音像以下を賜ったことなどが記録されているので、この趨勢は相当広く行きわたっていたことを物語っている。しかも注目すべきことは、こういう段階に、持統朝には越蝦夷八釣魚《やつりな》が物を賜っていたこと、さきにも触れた越の度嶋（渡嶋と同じであろう）の蝦夷伊奈理武志と粛慎の志良守叡草とが物を賜ったこと、ついで文武朝には陸奥の蝦夷が方物を貢じたこと、越後の蝦狄が物を賜ったこと、越後国の蝦狄が方物を献じたこと、陸奥の蝦夷が方物を献じたこと、越後の蝦狄一〇六人に爵を賜ったことなどが併行断続的に存在した事実である。実はこうしたことが、飛鳥浄御原《あすかきよみがはら》朝にも藤原朝にも確実に積みかさねられていたことの結果として、出羽郡が北陸道越後国の北端に建置されることになったのである。そしてその出羽郡が独立して出羽国となった以上、この国の持つ北陸的性格というものは消し去ることができない。

奥羽の連繫　出羽国に陸奥国の二郡が分割のうえ併合されたことは、出羽の北陸道性に陸奥の東山道性が加えられたことになる。当然出羽の受ける北の海みちの働きかけは陸奥も連帯的に受けることになる。また出羽も新置の国でありながら陸奥の持つ大化以後の令制国家体制を形成する過程の蓄積を、行政的・軍事的・文化的に受容することになる。有形無形に奥羽は一体性を強める。ではあるがしかし、出羽沿海部の持つ言語文化一つを取ってみても、顕著な北陸性ないしは北陸以南西性が存する。原始時代以来の伝統でもある。決して消滅することはない。それは対馬暖流という海流のありかたとも、積雪地帯であるという西北季節風にさらされる風土性とも深く結びつくところであろう。その観点に立てば千島寒流と「やませ」の霧風とは東側に対し重要な意味を持っている。ともに決して建国当初だけにかぎることではなく後世にもおよぶことである。

陸奥国については「陸」を「道」と同じく用いていて、『古事記』や『先代旧事本紀《せんだいくじほんぎ》』の「国造本紀」などでは道奥石城《いわき》とか道奥菊多《きくた》とかと表記されている。令制七道でも東海・東山・北陸の諸道の奥に位置している地理的条件に合致した呼称である。でも最も直接的なのは常陸すなわち常道《ひたみち》の奥ということであろう。大和朝廷と一般にいわれている時代から中央帝都から通ずる坂東地方への道は、伊豆―相模―浦賀水道―房総半島―下総―常陸と通じていた。そこには安房大社・香取神宮・鹿島神宮など国家ときわめて密接な由緒ある神が祀られており、膳《かしわで》部《べ》・壬生《みぶ》部・大伴部など皇室と密に結びつく部が設定されていた。そしてその常陸と陸奥南部の現在の福島県浜通《はまどおり》は一連であったことが『常陸国風土記』の「久慈《くじ》の堺《さかい》の助河《すけかわ》を道前《みちのくち》と為し、陸奥国石城《いわき》郡苦麻《くま》村を道後《みちのしり》と為す」とあり、『倭名類聚抄』の時代にも「道口《みちのくち》郷」の名があることで実態が理解できる。

それは格別不思議ではないかもしれない。国造制下沿岸部では亘《わたり》（すなわち亘理、『国造本紀』の伝写では「思」になっている）、内陸に少し入って伊久（すなわち伊具）までは地方行政制度が斉一におよんでいたのであるからである。したがって陸奥国は設置当初から奥羽山脈の東では名取《なとり》川の南で柴田郡の線までぐらいが、山脈の西では古代の最上地方、現在の北村山地方ぐらいまでは郡郷域になっていた。

現在の宮城県側についてはそれは一般的な認識になっているが、西側でも前述の西沼田《にしぬまた》とか島《しま》のような農村社会が大化以前から成立していたのである。西沼田を例とすれば、地理学上の山形盆地で乱《みだれ》川《がわ》と立谷《たちや》川《がわ》の両扇状地、最上川氾濫湿地帯に囲まれた扇状地が、舌状に南西方に張出した微高地に村落は位置し、北東数百メートルのところを流れる倉津《くらつ》川を、生活用水・灌漑用水に引いていたと考えられる、六世紀後半から七世紀前半の農村である。

数百メートルの水路や扇状地に水平水面の畦畔《けいはん》を造るための土木工学は、五世紀から置賜・村山地方に伝わり六世紀にはいくつもの高塚式古墳を造営していた技術が用いられたものと考えられる。地域の一番の北部でも熟した農村を含んでいる以上、大化に国郡（評）制を施行されることにはなんの難もなかった。ましてや福島県地方にはもっと整然とした令制適用の可能性があった。

『続日本紀』慶雲四年（七〇七）五月二十六日条に、讃岐《さぬき》国の錦部《にしごりべの》刀良《とら》・筑後国の許勢部《こせべの》形見《かたみ》とともに陸奥国信夫《しのぶ》郡の生王五百足《にぶのいおたり》が、それぞれ衣服と塩穀を与えられたことが記されている。それは百済を救援した時の敗戦で、刀良らが唐兵の虜になり唐の官戸《かんこ》にされ四十余年をへたが、遣唐使粟田《あわたの》朝臣真人《あそんまひと》に随って帰国することができたので、その労を憐んだものであると説明してある。七世紀の外征に四国や九州の兵士とともに信夫の兵士は従軍していたのである。生王は壬生と同じだと考えられるが、その地には常陸でも置かれたような皇子の養育に関わる壬生部が設定されていたのである。だから当初国府は福島県中通に営まれた。

和銅三年（七一〇）陸奥の蝦夷らが「君」の姓《かばね》を受けて編戸の民になりたいと願い出て許されていることがあり、和銅六年には陸奥国に丹取《にとり》郡が設けられた。もっと北だと考える立場もあるようであるが、多分後世の名取郡のことで、このころ郡制施行は名取川畔まで完了したことを示すものであろう。養老二年（七一八）には版図の拡大にともなう措置であろう陸奥国から石城《いわき》・標葉《しめは》・行方《なめかた》・宇太《うだ》・曰理《わたり》、常陸国から菊多《きくた》の六郡を割き石城国を、白河・石背《いわしろ》・会津《あいづ》・安積《あさか》・信夫五郡を割き石背《いわしろ》国を設置した。養老三年には石城国に十駅がおかれた。

しかし、このような行政の急展開は、出羽郡を設けたさいと同じように現地勢の反発をかったようである。『続日本紀』養老四年九月二十八日条には「陸奥国奏して言《もう》す。蝦夷反乱して、按察使《あぜち》正五位下上毛野《かみつけの》朝臣広人《ひろひと》を殺せりと」とあって、翌日播磨按察使多治《たじ》比県守《ひのあがたもり》が持節征東将軍に、左京《さきょうの》亮《すけ》下毛野《しもつけぬの》石代《いわしろ》が副将軍に、阿倍駿河が持節鎮狄将軍に任ぜられて節刀を授けられた。和銅の時とは逆に征夷が主で鎮狄は従であったが、両者は連動して征旅に就いていた。

養老五年四月には両将軍ともに帰還している。平静を取りもどしたのであろう。十月には陸奥国柴田郡から二郷を分けて苅田郡が置かれている。そしてこの年の八月十九日に「出羽を陸奥按察使に隷《したが》せしむ」とあって、もう制度的にも陸奥・出羽両国が一体の関係になったことを示している。この按察使は、他の按察使が廃された後にも平安時代末までつづき「陸奥出羽按察使」と呼ばれ、今風にいえば東北州知事とでも表現すべき高級地方官であった。

東人と鎮守　その陸奥按察使に大野東人《おおののあずまひと》がいる。彼がこの官職名で表わされるのは『続日本紀』天平九年正月条であるが、その前に史料上名の明らかな按察使は養老に殺された上毛野広人だけであり、両者の間に一七年間もの開きがあるので、その間に誰かいた可能性が強いが、東人の陸奥在任は神亀初年からのことなので、広人の死から四年ほどしかたっていない時期に陸奥の高官として赴任したことになる。鎮守将軍だったと見られるが、按察使を兼務しなかったとも断定できない。

半々の可能性であるが、神亀元年（七二四）に東人が多賀柵（城）を築いたために、現地勢が反発したようである。海道《かいどう》の蝦夷が反乱を起こしたわけである。そこには「陸奥鎮所《みちのくのちんじょ》」という鎮守将軍の役所があったと認められる。そして鎮所は『続日本紀』養老六年閏四月二十五日条・同年八月二十九日条・養老七年二月十三日条・神亀元年二月二十二日条などにすでに見えるのであるから、『多賀城碑』にあるように多賀城（柵）が神亀元年に東人によって建置されたとして、鎮所はそれ以前からあったことになるので、初めは郡山遺跡などの多賀柵の地以外の場所にあったのか、先行して営まれていた鎮所の地に多賀柵の方があとから設けられたのか、などといろいろに考えることができるが、いずれにしても大野東人鎮守将軍の赴任は養老末から神亀初のころのことであろう。

その反乱は、陸奥大掾《だいじょう》佐伯児屋麻呂《こやまろ》を殺したのである。この事件はきわめて重大に受け止められた。多賀柵建置という東北の行政・軍政上の最重要政策に対しての反乱であることによって重視されたのかもしれない。役人の階級でいえば陸奥国司の三等官の殺害で、四年前の最高官按察使広人の殺害とは比較にならないのに、現在でいえば内閣の大臣であり、藤原氏の御曹司でもある大物将軍を起用派遣するのである。

児屋麻呂が殺されたことを記すのは『続日本紀』神亀元年（七二四）三月二十五日条においてであるが、四月一日条には七道諸国に兵器などの造成を命じたことが記され、その二日後には児屋麻呂に従五位下を賜り賻物《ふぶつ》の絁《あしぎぬ》十疋・布二十端・田四町を賜わるのである。従六位上から従五位下にあげられることは少しも異例ではない。しかし令《りょう》の規定では六位の賻物は絁四疋・布一六端であるから、彼が非業の死を遂げたことへの憐みだとしても相当の厚遇である。ことに賜田四町は破格のことだとしてよいであろう。

式部卿正四位上藤原朝臣宇合《うまかい》という堂々たる人物を持節大将軍に、宮内大輔高橋安麻呂を副将軍に任ずるのは四月七日のことである。判官八人・主典八人を部下としているから相当の重編成である。明確に「海道《かいどう》の蝦夷を征せんが為なり」と目的を説明している。海道とは現在の宮城県沿岸部から岩手県の気仙《けせん》地方あたりまでであろうが、一月半ぐらいあとになり五月二十四日従五位上小野《おの》朝臣牛養《うしかい》を鎮狄将軍に任命した。出羽の蝦狄を鎮めるためであるが軍監二人・軍曹二人の編成で大規模編成ではない。なにか出羽にも不穏波及を感じたものかもしれない。

両将軍は、十一月二十九日に征夷持節大使と鎮狄将軍という肩書で帰京する。明けて神亀二年閏正月二十二日論功行賞があった。『続日本紀』には、

天皇朝に臨み、詔して征夷将軍已下《いか》一千六百九十六人に勲位を叙すこと各差有り。正四位上藤原朝臣宇合《うまかい》に従三位勲二等、従五位上大野朝臣東人に従四位下勲四等、従五位上高橋朝臣安麻呂に正五位下勲五等、従五位下中臣朝臣広見《ひろみ》に従五位上勲五等を、従七位下後部王起《こうほうおうき》、正八位上佐伯宿禰首麻呂《おびとまろ》、五百原君《いおはらのきみ》虫麻呂、従七位下君子部《きみこのべ》竜麻呂《たつまろ》、従八位上出部直《いずべのあたい》佩刀《たちはき》、少初位上紀朝臣牟良自《むらじ》、正八位上田辺史《たなべのふひと》難破《なにわ》、従六位下坂本《さかもと》朝臣宇頭麻佐《うずまさ》、外従六位上《わにべ》丸子大国《まるこのおおくに》、外従八位上国覔忌寸《くにまぎのいみき》勝麻呂等一十人に並に勲六等を授け、田二町を賜う。

とある。田二町が全体に与えられたのか「一十人」にのみに与えられたのかは二様に読めるが、いずれにしても一七〇〇人近くの勲位を受けた者の存在からは、相当大きな作戦展開があったものと考えることができる。

そしてやはりここで大野東人の存在が注目の対象となる。大将軍宇合と副将軍安麻呂との間に位置づけられることから、その間の官位で、しかも征夷軍の序列とはまた別の系列にある官職を持ち、さらに征夷のことで活躍したということになる。『続日本紀』天平元年九月条に「陸奥鎮守将軍従四位下大野朝臣東人」と見えることに照してもこの時すでに「鎮守将軍」だったのではないかと考えられる。しかも先に見たように鎮所は厳存し、鎮兵も配置されていて、それは児屋麻呂が殺される一ヵ月ほど前に「陸奥国の鎮守軍卒等、己が本籍を除き便に比部《ひぶ》に貫《かん》し、父母妻子を率い共に生業を同じうせんことを願い、許さる」という状況があるほど陸奥に定着した存在となっていたのであるから、神亀のこの段階には「鎮守将軍」はあって、彼こそまさしくその任に就いていたものとしてよい。

神亀以前でも養老六年閏四月二十五日の太政官奏があり、それはいわゆる「良田一百万町」の開墾という件で有名な官奏であるが、百万町歩開墾が陸奥按察使管内すなわち奥羽両国に関してだけいっているものとは考えられないが、それはまた後で考えるとして、ここでは奏中に「兵を用うるの要は、衣食本《もと》を為《な》す。鎮に儲粮《ちょりょう》無くんば、何ぞ固守《こしゅ》に堪えん。民を募りて穀を出し、鎮所に運輸せしめ、道の遠近を程《はか》りて差を為す可し。委輸すること遠きは二千斛《こく》、次は三千斛、近きは四千斛を以て、外従五位下を授けむ」という部分があり、奏可されて、六位以下八位以上についても同様にやること、具体案は格《きゃく》で定めてあることなどが語られるところに注目したいのである。

それはこれが「鎮所」の初見史料でもあるし、また鎮所を重視したきわめて明白な兵粮備蓄史料でもあるからである。実際にこの政策が実行されていたことは、一〇ヵ月後の翌七年二月十三日「常陸国那賀《なか》郡大領外正七位上宇治部直荒山《あらやま》、私穀三千斛を以て、陸奥国鎮所に献ず。外従五位下を授く」という『続日本紀』の記事があり、さらに神亀元年になったばかりの二月二十二日に「私穀を陸奥国鎮所に献じた」十余人の七、八位の有位者（一人だけ無位もいる）が、ならびに外従五位下に叙されていることが同じく記録されているので、明らかになる。

鎮所は、「やがて鎮守府になる」などと一概にはいえないところもあるが、鎮守将軍の直接かかわる役所であることは間違いがないと考えられる。神亀元年の征夷事変に、地元に在任する将軍としてかかわり、二年閏正月に、大将軍宇合に次ぐ序列で論功行賞された東人は、鎮所というものが陸奥に置かれたきわめて初期の段階からその長官であったとみられる。断定する直接史料はいまだ知らないが否定する史料もない。初代鎮守将軍であったと解して誤りはあるまい。彼らの叙勲があったその月の二〇日たらず前に陸奥国の俘囚が移配された。一四四人が四国伊予国に、五七八人が九州に、一五人が和泉監に、という遠い南西の地方にである。一口に七百人余ということになるが、相当大きな征討制圧が加えられた結果のことであろう。

出羽進軍と鎮守の本計　大野東人が「陸奥鎮守将軍従四位下」と記された天平元年（七二九）につづいて天平三年従四位上になり、同九年（七三七）陸奥按察使になっている。是より先、出羽にかかわる進言をしている。それは陸奥国から出羽柵に達するのに「道男勝《おかち》を経んとすれば、行程迂遠なり。請うらくは、男勝村を征《う》ちて直路を通さん」というものであった。それに対し正月二十一日に「是《ここ》に於《お》いて持節大使兵部卿従三位藤原朝臣麻呂、副使正五位上佐伯宿禰豊人《とよひと》、常陸守従五位上勲六等坂本朝臣宇頭麻佐《うずまさ》等に詔して、陸奥国に発遣せしむ。判官四人、主典四人なり」という『続日本紀』の記述となる。東北の最高官の建白が受け止められ、偶然にもこの年兄弟相次いで世を去る運命の藤原四兄弟の一人で、先年下向の宇合の弟である兵政担当閣僚麻呂を直接派遣した政府の積極的姿勢が観取できる。

大使が二月十九日多賀柵に着き、鎮守将軍東人は対応し、現地の疑懼《ぎく》を慰喩《いゆ》すべく海道に田夷遠田《でんいとおだ》郡領遠田雄人《おひと》、山道に帰服狄和我君計安塁《きふくてきわがのきみけあるい》を派遣の上、二月二十五日約六千を率いた東人は多賀柵を出発、三月一日色麻《しかま》柵から即日出羽国大室《おおむろ》駅に着いた。迎えた出羽国守田辺難破《たなべのなにわ》と合議、現在の最上郡域まで進み、雪が深く「馬芻難得《うまのまぐさえがたき》」との理由で同月十一日多賀柵にもどり、改めて四月四日比羅《ひら》保許《ほこ》山の麓に進出したところで、是より先難破の状が出され「雄勝村俘長《ふちょう》等三人」の要請があったことにより雄勝に入らずにもどることになる。

『続日本紀』は天平九年四月一日発になっているが、七三七年グレゴリオ暦の五月九日・ユリウス暦同五日に発って数日、中旬になって若草が生えないという状態は大雪の年でも考えられない。「国史大系本」の校訂のように三月一日発と考える方が季節に合致する。だから四月一日とする有力説も、難破の状の提示時期は「未詳」とするほかはなかった。四月一日に出かけて十一日にもどった一回だけの行動なら、大室で相待って合意し一緒に賊地に入ったのに、俘長の「請」があり、それにもとづく「状」が難破から出される時間などは生じがたいことになる。一ヵ月あれば難破の判断が逆転する余裕は十分にある。

二度目にもどったのはこの間に右にあげた雄勝村の俘長三人の行動があり「官軍我が村に入らんと欲すと聞いて、危懼にたえない」と難破に請願してきたのを彼が受け止めて東人にしかるべく意見具《ぐ》申《しん》したからである。東人は「夫《そ》れ狄俘《てきふ》は甚だ奸謀多し。其の言恒《つね》無く、輙《たやす》く信ずべからず。重ねて帰順の語あらば仍りてともに平章せん」と答えた。だが難破は押し返して建議した「軍を発して賊地に入る者は、俘狄《ふてき》を教喩《きょうゆ》し城を築きて民を居らしめんが為なり。必ずしも兵を窮めて順服を残害《ざんがい》せんとするには非ず。若し其の請を許さずして、凌圧して直《ひた》に進まば、俘等懼れ怨みて山野に遁走せん。労多くして功少なきは恐らくは上策に非ず。官軍の威を示して、此の地より返らんに如《し》かじ。然して後、難破訓《おし》えるに福順《ふくじゅん》を以てし、懐《なつ》くるに寛恩を以てせん。然らば則ち、城郭《じょうかく》守り易くして、人民永く安からん」という理の通ったものであった。

東人も名将である。「以て然《しか》りと為し」た。実は、これは東人の「本計」であった。そして鎮守将

軍の本計は、律令国家東北政策の鎮守の本計でもあったのである。それについて大使の麻呂は、

東人の本計は、早く賊地に入り、耕種貯穀し、運粮の費を省《はぶ》かんとするにあり。而るに今春大雪にして常年に倍す。是に由って早く入りて耕種するを得ず。天の時此くの如ければ、已《すで》に元よりの意に違《たが》えり。其れ唯《ただ》城墎を営造するは一朝にして成るべし。而るに城を守るは人を以てし、人を存するは食を以てす。耕種候を失いては、将に何を取って給せんや。且つ夫れ、兵は利を見れば則ち為し、利無ければ則ち止む。所以《ゆえ》に軍を引きて旋《めぐ》らし、方《まさ》に後年を待ちて、始めて城墎を作らんとす。但し東人自ら賊地に入るが為に、奏請して将軍として多賀柵を鎮めんとす。今新しき道既に通い、地形親《みずか》ら視ぬ。後年に至れば、自ら入らずと雖も、以て事を成すべきものなり。臣麻呂等愚昧《ぐまい》にして、事機に明《あきらか》ならず。但し東人は久しく辺要に将として、謀中《あた》らざること尠《すくな》し。加以《しかのみならず》、親ら賊境に臨みて其の形勢を察し、深く思い遠く慮《おもんぱか》りて、量《はか》り定むること此《か》くの如し。謹みて事状を録し、伏して勅裁を聴《き》く。

と奏し、その奏の結びに「今は事無く、時は農作に属す。発する所の軍士は、且つ放ち且つ奏せん」と申し添えた。直路を開くために特派された大使の言としてはふさわしくないともいえるが、その通路の使命を達成するよりも、出羽国守・鎮守将軍・大使と三者が同意して、鎮守の本計を支持し、動員している軍士さえも農作のために復員させるという処置まで取って本計を実行したのである。

2　開拓と侵害と

鎮守と開拓　ここで注目する鎮守の本計とは、前節によっても、狄俘《てきふ》を教え諭して国家に順服させ、安定した村落生活を営みつつ中央の寛恩を確認できるようにさせ、移民された人々も安住でき、そのような農耕社会の経営安定の基盤の上に、城郭を築き、安定した人々の力でそれを守るというものであることがわかる。古代東北の経略は、従来基準的立場として位置づけられてきた区分観の、文化征服・国郡創置・武装移民・軍事征服という形でのみ進んだのではない。しかもその軍事征服すなわちいわゆる「蝦夷征伐」期が古代東北史の典型的最高潮期ということにはならないのである。別に表現すればこれらの要素がそれぞれ糾《あざな》った縄のように組み合わされて存在しているのである。単線ではなく複線や複々線なのである。そしてもし征夷の要素が坂上田村麻呂の時代に優勢さを見せるとすれば、移民とか生産文化の改変とかということで、民生を安定させて城郭を鎮衛するという、一方の鎮守の要素が最も高度に意味づけられているのは、東人段階の、先の大使麻呂の上奏に見られる段階だということになろう。だから進軍してきた東人が難破の建言を容れたのは、東人自身の本然の立場にたちもどったのだと解しうる。

ややもすれば鎮守将軍によって行われる軍事一辺倒のことのように受け取られやすい鎮守政策のこ

とは、その前提に開拓ということがあったのである。一見鎮兵は、坂東などから徴集されるのであるから、軍団の兵とはちがって、なにも東北現地の開拓や村落充実と彼らは関係がないようである。だが鎮所に兵粮を献じ輸納することが求められていたのはすでに見た通りで、東北で糧秣《りょうまつ》を自給することが最良条件なのである。東北にとって理想の鎮守政策を完全に進めるためには、律令制度上の開拓、すなわち農村社会を形成し充実する開拓が必須だったのである。

その結果を正確な形として捉えることになると、郡郷の編組ということになる。実は天平段階までの奥羽両国での郡郷名の史料はそう多くはなく、ことに郷里《ごうり》の名はまったく見えないが、可能なかぎり拾ってみると郡名は次の通りである。

数少ない出羽国から先にあげると、和銅期には出羽・最上・置賜郡で、天平には雄勝郡がある。その雄勝が必ずしも農耕開拓の進んでいなかったことは右にふれたばかりである。ただ天平五年（七三三）に秋田出羽柵が営まれていることからすると、雄物《おもの》川河口部までの由理《ゆり》（後世表記で由利）地方は南部は出羽郡の延長上、北部も準郡的状況になっていたと考えられる。

相当数の郡名が見える陸奥の方は、和銅までに信夫《しのぶ》・丹《に》（名）取《とり》二郡が見え、養老に磐城・標葉《しめは》・行方《なめかた》・宇多・亘理《わたり》・菊多《きくた》・白河・石背《いわしろ》・会津・安積《あさか》・柴田・苅田郡が見える。丹取と苅田以外は七世紀中にすでに成立していたにちがいない。しかも養老五年（七二一）の苅田郡は柴田郡から分割したわけで新開拓ともいえない。概観的にいって天平以前神亀の段階でも名取川以南はもちろん、多賀柵のある宮城郡までの郡郷開拓線は完全に成立していたと考えられる。

さらに天平九年には遠田《とおだ》・賀美《かみ》二郡の名がでてくる。しかも東人進軍のこの年から五年後にすぎない『続日本紀』の天平十四年正月二十三日条には「陸奥国言《もう》す。部下の黒川《くろかわ》郡以北十一郡に赤き雪雨《ふ》る。平地に二寸」とあり、黒川郡を含みそれ以北に十一郡あったことがわかる。おそらく黒川・色《しか》麻《ま》・富田《とみた》・賀美《かみ》・志太《しだ》・長岡・小田・新田《にった》・玉造《たまつくり》・牡鹿《おしか》の諸郡である。かりに現在まで名の伝わらぬ郡などが一、二あったとしても、現在の宮城県仙北《せんぼく》地方で内陸は玉造から沿岸部は牡鹿まで、わかりやすくいえば概してJR陸羽東線から石巻線以南の地域には郡制が施かれ、したがってその範囲内の郷里は充実していたということがわかる。

このような基盤の上に多賀柵の鎮守府は置かれたのである。宮城県多賀城跡調査研究所による調査で、外郭の築地線は北辺は八六〇メートル、南辺は八八〇メートル、東辺は一〇〇〇メートル、西辺は七〇〇メートルで、内郭すなわち政庁跡は南北一三〇メートル、東西一〇三メートルの長方形の規模である。南北中軸線上に南門・中門・正殿・後殿が建ち、左右に東西脇殿が建っている。総じて印象は大宰府に似ているといわれ、大宰府とならぶ「遠《とお》の朝廷《みかど》」だと称揚する人もある。もちろん諸国の国衙はみなそういう制度的位置にある。ようするに多賀柵すなわち多賀城は考古学のいう「城柵官衙」なのであり、古くから考えられていた軍事城郭という性格だけの施設ではなかったのである。

いうまでもなく多賀柵・多賀城は按察使府であり陸奥国府なのであるから単純な軍事施設でないこ

とは自明であるが、鎮守府があったにしても決して顕著に偏った軍事施設ではないのである。神亀ごろの開設当初からそこは決して軍事上の第一線ではなかったからである。むしろ前線に近いのは玉造・新田・色麻・牡鹿などの諸柵だったと認められる。そしてこれらの諸柵さえすでに明らかにした郡郷制地域のなかに位置していた。鎮守は開拓を前提として成り立つ政策であることを重ねて強調したい。

山夷と田夷　郡郷が成立するためには一郷五〇戸の民戸が必要である。まず律令時代に東北地方に農業社会が成立していたことは歴史考古学でも立証されているから、そこの住民が「百姓」と表現される、当時の主産業たる水田農業に従事している人々で、しかも国家支配下に正規に入れば問題はないわけである。しかし必ずしもそう簡単ではない。蝦夷と呼ばれる現地の人が、すべて遠田君雄人の類型の生活人ではないからである。これら「田夷」とされる人々のほかに「山夷」という人々も存在したのである。

延暦十八年（七九九）になってさえ「出羽国の山夷の禄を停めて、山夷・田夷を論ぜず、有功の者を簡《えら》びて賜る」という史文がある。もちろんこれはある問題については山夷を田夷と区別するまでもないという実情を物語るものでもあるが、山夷と田夷をなくするというのではない。それは両者が存在しているという前提のもとで、その差を「論ぜず」ある政策を打ち出すということである。今主として取り上げている時代はこの史料の時から半世紀以上も前の状況である。別に表現すれば坂上田村麻呂の時代になってさえ問題になっている「山夷と田夷」のことが、大野東人の段階においてどうであったかは検討するに値する問題である。そしてそれが、鎮守の前提となる郡郷制成立のことにどう関わってきているだろうかということも、やはり重要な問題である。天平期にでてきたのは田夷のことである。そこでは田夷が郡家を樹《た》てたりすることで特記されるに値する性質を持つ対象だったのである。だからこれは「蝦夷」対策上の対象といえば本来「山夷」で、「俘」などという移配される存在も、多くは山夷であったことを意味していると解しうる。三十数年前「斑状《まだらじょう》文化論《ぶんかろん》」とでもいうべき考え方を提示したことがある。それは主としては弥生文化の時代についての、考古学者でない者としての私見だったのであるが、蝦夷時代の東北についても拡大して考えることができる。

すなわち東北に弥生文化が入ってきても、一円稲作社会になったわけではなく、考古学が続縄文文化というような、稲作文化とは異なる狩猟・漁撈・採取の生産手段を基本とする社会が、地域的にまとまりを持つ形で存在したというのが、この考え方なのである。もちろん弥生文化が一部にでも入っていれば、部分的に続縄文的な地域があったとしても、それこそがすなわち東北地方の弥生時代だという、私見に対して行われた批判も一理あるが、私見は単なる形式理論ではなく実態そのものを対象としての考えなのである。

すでに弥生時代前期に東北北部まで稲作のおよんでいたことは、津軽砂沢《すなざわ》遺跡の発掘などで昭和六十二年秋に明らかになった。六十一年秋田市地蔵田《じぞうでん》B遺跡で遠賀川《おんががわ》式土器が発見されていたので、日本海対馬海流の北上と結ぶ急速な稲作伝播が考えられるようになった。すでに昭和三十年代に秋田県琴浜《ことはま》村（現若美《わかみ》町）、青森県田舎館《いなかだて》村などにおいて弥生文化の遺物が発見されている。四十一年（一九六六）に大畑《おおはた》町二枚橋《にまいばし》、四十四年（一九六九）脇野沢《わきのさわ》村瀬野《せの》など下北半島まで弥生の遺物が発見され、後年の前期砂沢や、近年の八戸《はちのへ》市風張《かざはり》遺跡の縄文晩期の米粒などは未だだったが、昭和五十六年（一九八一）田舎館垂柳《たれやなぎ》で弥生時代の水田跡が発見され、この段階で東北北部の弥生文化の存在は明白になっていた。

昭和三十三年（一九五八）に提起した私の斑状文化論などはこの形勢のなかでは跡形もなく消え去ったかのようである。だがそのなかでも、適性を持つ地域では稲作は普及したであろうが、冷涼な気象条件や住民の好みによって稲作が必ずしも受容されない地域もあったにちがいないという見方は、十分に成立しうると考えつづけた。そのようにしているうちに、東北地方の主として北半には、後北《こうほく》式土器と呼ばれて北海道で盛行していた続縄文式の土器が、北陸までの各地で発見されるようになったのである。能代市寒川《さむかわ》II遺跡で昭和六十一年（一九八六）に発見された後北C式土器を副葬した六基の楕円形墓坑《だえんけいぼこう》の調査結果に接して、弥生時代後期になっても、北海道と同じ非稲作生活地帯が津軽弥生文化地帯の南にもなおあったことを、考古学の成果で証明され、斑状文化の状態が確実なものであったことをあらためて確認したのである。同じような後北式土器は八戸市でも発見されている。

考古学者の説では、後北C式土器文化が東北北部で行われたのは四、五世紀で、その段階での東北では、前方後円墳の営まれているような南部の地帯まで、稲作は完全に後退したと論ずる立場も強力である。私が当初受けとめたように弥生時代の後期や末期ではなく、古代の古墳時代前期から中期までも非稲作の生産社会が存在したというのであれば、私の斑状文化論は歴史時代にも継続して適用できることになった。さらにそれがこの律令時代の山夷と田夷の立場にも通じているという図式になるわけである。

そして田夷に対しては東人や難破の開拓鎮守政策はきわめて適合度が高いが、山夷に対してはほとんど適応力を持たないということになる。となればなにか別の方途が考察され適用されなければならなくなる。単に俘囚や夷俘を西国に移配するような限定的対策では処理できない。ことにそれらを引抜いた地域には田夷をすぐに進出させても、そうたやすく農耕地帯を形成することなどできない。例の城郭を護持すべき粮秣を備蓄するのはしょせん不可能なことになる。

俘囚と遊猟　俘囚が移配された後のことに関する奈良朝での描写史料はない。しかし平安時代にはいくつもあってたとえば貞観《じょうがん》十一年（八六九）になっても「夷俘は諸国に分居し、常に遊獦《ゆうりょう》を事とし」（『三代実録』貞観十一年十二月五日条）といわれている。獦は猟である。東北の鎮守政策で現地に止住させることのできなかったような人々は狩猟民であったのである。山夷と呼ばれた人々は七、八世紀になって狩猟民になったわけではない。それなら有力説のいう四、五世紀の後北式文化の時代に狩猟民になったもので、それ以前は弥生の農民であったのであろうか。とてもそうは考えられない。

もしも東北の北部の人々が私のいう斑状文化の状態になく、一円稲作農民の社会を形成していたものだったとすれば、津軽海峡を越えただけの函館から松前までの道南地方南端部のところに、どうして稲作は伝わらなかったのであろうか。きわめて不自然である。

いまだ不確定な状況や条件が背景にはあるとしても、近時八戸市の風張遺跡からは先にも言及した三〇〇〇年前の炭化米が出土している。米がどこからか伝来したにしろ、山陽地方総社《そうじゃ》市の南溝手《みなみみぞて》遺跡の土器の籾痕と同じころの早い時期の稲作社会と交流があり、米食が限定的にでも受容されていたということになる。そのように早くからなじんでいた南部から下北地方の弥生時代の稲作がまったく渡海しなかったのであろうか。やはり青森県などではごくかぎられた地点にとびとびの稲作農耕民がいたのであろう。主流をなす住民は非農耕民で、その人々の子孫が古代にまで生活を継続していたものと考えるのが自然である。

もし古代になり、それが四、五世紀であろうと三世紀であろうと、新しく後北式文化所持者が大挙して津軽海峡を越えて南下してきたものと考えるとすれば、海峡の北から南下しなければならないどんな事情がそちら側に起こったのであろうか。かりに彼方にその事情が生じ民族移動をきたしたとして、弥生時代以来東北北部に住んでいた農耕民はどこに行ったのであろうか。戦闘があり新来の南下後北式文化民が在地の弥生農耕民系の人々を皆殺しにしたのであろうか。仮説はいくつもたてうるであろう。そしてそういういく通りもの考え方が可能であるとすれば、東北に本来いた人々が弥生文化の伝来後も、諸般の条件から続縄文的生活をなお選択し営みつづけるものが多く、その人々の間に後北式土器をともなう文化が伝わったところもあるとすることも一説たりうるところであり、さらにはその文化を担う人々の南下移住民も加わり介在するようになったところもあると考えることは、最も妥当のように考えられるのである。

弥生時代以来農耕文化を主生業としてきた田夷と呼ばれる人々、弥生時代にも続縄文式文化のなかにあり、その生習を律令時代まで伝えてきて、しかもそれをあらためようとしない山夷と呼ばれる人々が、律令時代の東北で「蝦夷」とか「蝦狄」とか呼ばれる存在であったと考えるものである。そしてその山夷の人々の生業は遊猟を主とするものであったと考えられるのである。

ところがこの遊猟の習いは、戦いについて一つの重要な意味を持つことになる。その典型的な史料はやはり平安時代において見出しうる。『類聚三代格』に弩師《どし》を陸奥国に置くことを定めた承和四年（八三七）二月八日の太政官符があって、そのなかに「弓馬の戦闘は夷狄長ずる所にして、平民数十にして其の一に敵せず」と書き出す陸奥国の解《げ》が引かれている。ところが、『続日本後紀』の同日の条には「況《いわん》や復《また》弓馬の戦闘は、夷獠《いりょう》の生習にして、平民の十、其の一に敵す能《あた》わず」とあって、彼らの弓馬の練達はその生習に由来するという、陸奥国の認識を示している。もちろん太政官もその事実を承認していたことがわかる。その対策として弩師を補任《ぶにん》し彼らが苦手な弩《いしゅみ》の整備をしたいという、いわば予算要求を陸奥国がして許されるわけである。

これだけでは彼らのこの生習は平安朝になってから形成されて顕著になったのかもしれないという疑問も生ずるが、蝦夷に短弓の術があったということは、『日本書紀』仁徳天皇条や、唐の『通典《つてん》』にも記述がある。また弩が有効な戦闘機具であることをのべる格《きゃく》は、「鎮守府に准じて、件の弩師を置き」といっているので、鎮守府には以前から弩があったのであり、この弩でなければ敵しえない夷狄の弓馬の術がもとから存在したことを示している。そしてその彼らの強さが生習に由来するというのである。弓を用いる生習とは狩猟の生活であると考えるのが至当であろう。馬については蝦夷に馬術はなく、それは坂東騎兵などが持込んだ風習であるとの見方が通説である。私には「北の馬みち」が「北の海みち」で通じていたのであろうという考察もあるが、ここではふれないでおく。

鎮守が郡郷構成のできたところを守り鎮めることがかりに本義だとしても、まったく平和警備主義に徹しきることは事実上困難であろう。山夷は仮に全然田夷と別種の民族や種族であったとしても接触もすれば紛争も起こすことは明らかで、鎮圧に出動すれば鎮兵は山夷と戦いそれを追うことになる。まして山夷としても、相当の面積を必要とする山林・原野の自分たちの猟場や採取場を、国策がそれを支援して田夷の開墾地とするものである以上、反発で耕地を荒すこともあろうし、積極的意図はなくても鳥獣を追って田園に入ることも避けられまい。米や豆や野菜の、山菜とは異なる味を知って故意に盗むこともあろう。山林で栗を拾い山梨を捥《も》ぎ取ることと、田夷の村落ではじけた豆を拾い庭先の柿を捥ぎ取ることとに、山夷はどの程度の差違を感じたものであろうか測定するのはむずかしい。

しかも人間には自由を求める本性がある。言語も同じ山夷たちが自由に山野を駆けめぐるのを見て、大して採れもしない米麦の収穫のために一年中を束縛される農耕生活にはなじまないと感ずる人々もあろう。むしろ離脱する新参田夷の若者や老人がいてさえも不思議ではない。連繋の動きをもって山夷に与同することに、それほどの抵抗があったとは思われない。難破が「凌圧《りょうあつ》して直《ひた》に進まば、俘等懼《おそ》れ怨《うら》みて山野に遁走《とんそう》せん」といったのは、決しておどかしでも誇大表現でもなかったのである。されぱこそ東人も麻呂も結局同意して兵を引くのである。

山夷と余戸　山夷の人々のことを考えながら郡郷制のことを見ると、一つの注目すべき事柄が浮びあがってくる。余戸《あまるべ》のことである。東北にも現在も残る後世地名の「余目《あまるめ》」でいくつかの余戸が令制郡郷編成にさいし生まれたことがわかる。『倭名類聚抄』でも陸奥国で磐瀬《いわせ》・会津・柴田・名取・菊多《きくた》・標葉《しめは》・伊具《いぐ》・宮城・賀美《かみ》・色麻《しかま》・玉造・志太・胆沢《いさわ》・新田・小田・遠田・桃生《ものう》・牡鹿《おしか》諸郡に余戸があり、出羽国では置賜・雄勝・平鹿・山本・飽海《あくみ》・河辺《かわのべ》・出羽の諸郡に余戸がある。これは余戸郷になった段階のものであるから、『出雲国風土記』などで明らかなように、余戸が郷になる場合に別の名称の郷になる例もあるので、『倭名類聚抄』の「郡郷部」に見えるのが古代余戸の全部ではない。

そもそも余戸は、戸令「為里条」の第一句の義解に「謂《い》うは、若し六十戸に満ちなば、十戸を割《さ》きて一里を立て長一人を置け。其れ十家に満たずば、隷《つ》けて大村に入れ、須《すべか》らく別置すべからざる也」

とあるのが成立の根拠だとされてきた。すなわち原文で「割十戸立一里」と表記される小さな里がそれだというのが、江戸時代から東洋史学の恩師の曽我部《そがべ》静雄《しずお》博士までの説であった。「余戸考」（『日本歴史』三四号）という論文で伴信友の『若狭旧事考』、内山真竜の『出雲風土記解』、井上通泰の『播磨風土記新考』、植木直一郎執筆『国史辞典』の該項目、の四説を引用し、「この余戸里成立に関する四氏の解釈は妥当なもの」と博士は支持されたのである。

しかし為里条義解のもし六〇戸になれば一〇戸を別里にするということなら、一〇戸でも一三戸でも立派な里である。戸令の里は霊亀元年以後の郷であるから、小さいながら郷である。しかし実は余戸は郷ではないのである。『出雲国風土記』によると意宇《おう》郡を例にすれば「合せて郷壱拾壱里三十余戸壱駅家参神戸参里六」のようになっていて「余戸里」という扱いを受けていて郷ではないのである。だから先の『国史辞典』の植木博士も『風土記』に関する業績では出雲の意宇郡余戸について「一郷を為すには戸数の足らぬものを余戸として里となす」としているのである。そういえば『国史辞典』の余戸の項の定義も「里を編制し能はぬ残余の戸」というのであった。もちろんこの里は令条の里で郷のことである。

このようなことから私見は余戸についての先学の説に批判的で、六〇戸を越えた一〇戸以上の小さい里（郷）なら里（郷）の数だけ生じうる可能性があるのに、余戸は一郡に一つしか存在しないことが史料上明らかであるので、為里条第一句の義解説の処理では余戸は生まれないと考え定めるようになった。そういう見地からすると村山光一氏の「一郡を範囲として里を編成していった、その最後の割り余りというふうに考えねばならない」（「余戸について」『史学』三二巻一—四号）という説は妥当性が高い。

　したがって一郡最後の割り余りが現実にどう作られるかというのが考究すべきこととなる。それは、その為里条の後段の規定に関って成り立っている。すなわち「若し山谷阻険《さんこくそけん》にして、地遠く人稀《まれ》なる処には便《べん》に随《したが》って量《はか》り置け」という法文に附される明法説によって生ずると考えられる。しかも『令義解』ではなく『令集解』古記《こき》説によって成立していると考えられるのである。「古記云う。便に随って量り置け。謂《い》うところは、二十五戸以上なり。但し二十五戸以上に足らざれば、長を置かず、保長を以て催駈《さいく》するのみ」というのがその明法説である。

　古記は『大宝令』についての明法説である。これに対して『養老令』についての公的明法説は「若し十戸に満つれば、上法に依って別里を立つ。若し満たざれば伍をして相保《まも》らしめ大村に附くる也」となっている。一〇戸以上は長をおくすなわち別里とする説は『開元令』の制にもとづくものだという。時代的にいって古代地方制度上令制郡里（郷）制の編成はほとんど『大宝令』施行下に行われたことになろう。当然一郡内に里を（霊亀以後郷を）編成し最後の割り余りが処置されるのは『大宝令』下であれば、その割り余りが二五戸以上である場合、少ない戸数であっても五〇戸のものと同じ立派な里（郷）である。ところで割り余りは郡によって二五戸以上の場合も二四戸以下の場合もありうることになる。余戸という准里戸集団が出来《しゅったい》する郡もあるが、しない郡もあるのはこのことによる。

遠田郡は田夷遠田君の郡領となった郡であろうが、なんと清水郷と余戸しかない。ところで東北地方の余戸すなわち余目地名を残すところとか、地名は残らないが『倭名類聚抄』の郷名から推知できる余戸の位置をたどると実に興味ある事実が存在する。まず一つの形は、山谷阻険ではないが、郡の辺境で地形上河川などでかぎられている地域である。もう一つは文字通り峠などで外部に通じるだけの昔なら山間僻地といわれるような地域である。東北ではないが典型的なので言及すると前者の例は武蔵国に一一もの余戸があり、秩父《ちちぶ》・西多摩をのぞくと山谷阻険という条件はない。武蔵野台地から低地の平原や湿地にわたる地帯に地遠人稀の状況があったと考えられる。下総などにも五つほど余戸の名が『倭名類聚抄』に見えるが、これも湖沼・河川などにかぎられた同様の低地平原の状況であったものであろう。後世農村開拓の進む間にそれらは名も実態も変化したものであろう。だが、もう一方山谷阻険の方は、千数百年の間に特に地勢の変化があったところをのぞけば今の状況から当時を辿ることかどでき、安房《あわ》国安房郡神余《かなまり》も谷津状低地の限定閉鎖的な小天地である。

奥羽の余戸　かかる余戸の立地条件を前提として東北のそれを見れば、陸奥では福島県の福島市に現存余目地名がある。足利尊氏《あしかがたかうじ》の文書には「余部」で、正平八年（一三五三）には「部」字だったのが、大蔵寺《だいぞうじ》鰐口銘《わにぐちめい》では「余目」で延徳三年（一四九一）には「目」字になっている。文和から延徳の一世紀半の間にべからメに転訛したのであろうが、この余戸は『倭名類聚抄』には該当がないけれども書き落としか伝写落しであろう。なにしろ信夫郡それ自体を書き落としているのであるから、表記欠落不伝にかかわりなくこの中世にも顕著で、近代には村名でもあった余目はまちがいなく古代信夫郡の余目であった。そこは平地の余戸である。同様に文字が転じたのはいわき市の内にある菊多郡の余戸である。宝治二年（一二四八）『三坂文書』には「余部内岩間《いわま》霰松《あられまつ》両村」とあり、鮫《さめ》川の北岸で海と川にかぎられた地域である。やはり宝治二年には「部」字であった。双葉郡浪江町内にあったと考えられる標葉《しめは》郡の余戸は請戸《うけと》川と行方郡界とにかぎられ海に面した典型的な郡辺の地域である。

一方会津郡・磐瀬郡の山寄りにもそれぞれ余戸が記録されている。前者は会津地方の北部か西会津に比定されているが、後世地名とのかかわり史料などはない。磐瀬の方は長沼町桙衝《ほこつき》のなかに求める試みなどもあるが、定かではない。ようするに会津などでは文字通り山谷阻険の場所が多く、そこに地遠人稀の条件も併せ持たれる可能性も十分にある。耶麻《やま》郡磐梯町の恵日《えにち》寺に淳仁天皇賜与と伝える「余部郷印」という銅印が伝わっていた。明治初めに紛失したというが、この余戸は「部」字段階をへて充実してから正式郷になり、やがて名称も変ったのであろう。

宮城県については先に言及の遠田郡余戸は、江合《えあい》川と迫《はさま》川との流れによってなんらかの限界性を持ち、田尻《たじり》町の北高城《きたたかぎ》、小牛田《こごた》町の中・南高城のあたりに比定できる清水郷との交流が簡単には通じ難いような地勢にあったのであろう。最も著明なのは仙台市宮城野区岩切《いわきり》余目に遺名を見る宮城郡のそれである。格別の山谷阻険は認められないから七北田《ななきた》川によってかぎられた郡編成時の割り余り地区であろう。文永二年（一二六五）の『留守《るす》文書』には「余部村」、文和元年（一三五二）の同文書には「余目郷」となっている。ここも文永二年から文和元年の約一世紀の間にべからメへの変化が生じてきていたのである。角田《かくだ》市西根方面に比定されるのは伊具郡余戸である。地名は残らないが柴田郡境の山地帯であろう。柴田郡と名取郡の余戸は対照的な形で、前者は山地よりに、後者は海浜に設定されていたものと認められる。色麻《しかま》郡余戸は特に山地とは結びつかないから鳴瀬《なるせ》川の流域で平原地形のかぎられたところに位置していたと考えられる。賀美郡の余戸はやはり鳴瀬川の上流の出羽国と玉造郡に境する山地帯にあったと考えられる。志太郡の余戸は古川市の西部旧志田村の域内にあると考えられる。山谷地帯ではない。

新田郡の余戸は栗原郡と遠田郡の郡境よりと考えられる。長沼・伊豆沼《いずぬま》などの湖沼地帯内なのであろうか。小田《おだ》郡余戸は現在の遠田郡涌谷《わくや》町東辺部であろう。旧北上川と江合川とによってかぎられた谷地《やち》地帯であろう。玉造郡余戸は現在の鳴子町の山地帯であろう。

桃生郡余戸は遺地名はないが、最も可能性のあるのは追波《おっぱ》湾の方の海と山地とにかぎられる地域であろう。牡鹿郡の余戸もまず疑いなく牡鹿半島の内であるが遺地名はない。女川《おながわ》町の方よりは牡鹿町の地内が該当性が高い。岩手県内には三郡が記録される『倭名類聚抄』で、余戸は胆沢郡にしかない。多分出羽国境山地よりの胆沢川上流の地域と考えて誤りないであろう。その方面までは坂東の移民もまったく入らない稲作不適地域である。

出羽では山形県の置賜郡余戸は、置賜地方はすべて最上川上流域なのに、ここだけは荒川上流域で別天地であり、宇津《うつ》峠だけで置賜郡主部に通じ、越後にも荒川の峡谷が通れず大里《おおり》峠しかない小国郷（現小国町）であると考えられる。文字通り山谷阻険の地形で郡衙《ぐんが》からの道が阻まれ遠い。出羽郡余戸は、東田川郡余目町に当たる。山谷阻険ではないが最上川と京田《きょうでん》川にかぎられた地帯で、総体的に最上川に北をかぎられる地域である。暦応三年（一三四〇）の『安保《あんぼ》文書』によると「海辺《あまべ》余部内余部郷」とあり、『大泉庄三権現縁起』永正三年（一五〇六）条には「余目城主」とあるので、暦応三年から永正三年という二世紀半以上のなかでここでも「部」から「目」に変ったのである。

飽海《あくみ》郡余戸は、この郡が山形県飽海郡から秋田県由利郡におよぶ郡域を持つので、その北辺に当たる子吉《こよし》川と支流鳥海《ちょうかい》川の流域・笹子《じねご》川の流域に余戸が存在したと考えられている。遺地名はない。次に雄勝郡余戸も遺地名はない。ただ地勢上皆瀬《みなせ》川・成瀬《なるせ》川の上流域と考えられる。山本郡余戸は郡域南辺の横手市黒川余目に遺名を残している。余目北谷地・余目東谷地などの湿地を示す小字名があり、現在は「あまのめ」と呼ぶが明治のころまでは「あまるめ」だった。雄物川支流旭《あさひ》川と大戸《おおと》川に挟まれた地域である。河辺《かわのべ》郡余戸は大曲《おおまがり》市内小《うちお》友《とも》に「上余目」「下余目」など「あまりめ」と呼ばれて遺地名をとどめている。出羽山地に位置する。この辺は古代河辺郡の南部で、雄物川を隔てた仙北町《せんぼくまち》に存在する国の指定史跡払田柵《ほったのさく》跡は、河辺府《かわのべのふ》と呼ばれていた古代城柵官衙であろう。平鹿郡余戸の遺名はないが、形勢上山内《さんない》村の地内に当たり陸奥国に境していた地域に位置したと考えられる。

このような諸余戸の状況を問題にするとき、但馬の余戸や丹後の余戸や安房の神余とはまったく異なる、会津や賀美や玉造や牡鹿や胆沢や置賜や飽海や雄勝や平鹿やの東北の余戸の持つ特徴が目につく、一つは広い地域に想定されることであり、一つは山谷や海浜で農村地帯ではないことである。それは但馬美含《みくみ》の余戸も丹後加佐《かさ》の余戸も地勢的に同じである。河川などで隔てられる農村地帯以外は、大なり小なり日本全国の余戸に共通していることかもしれない。しかし先進農業地帯の場合は開拓の波が押し寄せていて、そう広い範囲を少数戸の余戸が山野のままで継続占有しうるような状態はそう多くは成立しえなかったであろう。

もちろん東北であっても基本的にこの状況は同様であろうが、農耕に従わない山夷の存在というものが、もう一つ西国と違う条件を構成している。農耕生活にくらべ、「遊猟」の文字表現がいみじくも示すように広い範囲を必要とする狩猟生活では、広大な山林に住民は少ないという状態を導くことになる。自然に人口も戸数も少なく、農民にくらべると移動が激しく戸籍を備えるような掌握を行政としてしにくいことになる。山谷阻険のところに余戸が出来《しゅったい》する人為的条件ともなる。

それは河川・湖沼の漁民も同じ傾向を持つであろうが最も多いはずの海浜漁民は狩猟民と同じように戸籍掌握はむずかしい対象であった。山脈沿いの地域とともにそういう水辺に余戸の存在が比定されている例の多いのはこのためであろう。そして実質的に「水夷」とでも呼ぶにふさわしい水辺の漁撈の民が、山夷とともに田夷に該当しないことはたしかである。ではあっても彼らも河岸や海浜に固定した漁場を設定しつづけることになれば、田夷と同じように一地に定住することになるはずである。里（郷）編成の前提となる村落を形成することになろう。

山夷も「水夷」も村落を形成していても、彼らのは田夷よりも家数の少ない村落であったとすれば、文字通り山谷阻険のところに人稀の状態を現出することになる。ここまで山夷と余戸のかかわりにこだわってきたのはこのためである。しかし現在の古代東北史研究の進展は、柵戸によって構成されていると認められる郷名が多いことを指摘している。根拠の一つに出身地の地名を移住地の地名にしたと認められ郷名がそこに見出されるからである。近時も関口明氏は陸奥国桃生郡磐城郷は名取・磐城・宮城郡に同名郷があること、出羽国雄勝郡大津郷は常陸国茨城郡に、中村郷は相模国余綾《よろき》郡、武蔵国男衾《おぶすま》・賀美・秩父各郡、下総国迊瑳《そうさ》郡、常陸国鹿島郡などに存在することを明らかにしている（『蝦夷と古代国家』吉川弘文館）。この相関関係はなんらかの形でたしかに存在するにちがいない。

ということになると、これら移民がないと田夷と位置づけられる人々だけでは里（郷）は十分には編成できなかったことを知らなければならない。だからこそ遠田郡であると考えられる田夷郡の建部が特筆されるのである。となれば山夷に至ってはまったく郡郷制の編成について対象となるまいと考えられる。近代日本になっても、三角寛の小説を読んだぐらいで実態は知らないが、少年時代まで私どもの世代は「山窩《さんか》」という山の遊民の存在したことを聞いていた。彼らは戸籍など持たなかったという。千二百数十年も前に山野を遊猟する山夷、水辺を往来するかもしれない「水夷」を、まして田夷でさえも良民として班田農民には位置づけられなかったような実際のなかで、編戸の民に位置づけることはできなかったのであろう。

その上彼らの村落は一般に少数の家で構成されていたと考えることができる。北海道の考古学に詳しい北構保男氏は「近世アイヌ社会の見聞記」を史料として、一集落に五、六軒の家屋はあるが、現に住まわれているのは二軒とか、最多でも八ないし二〇で、他は六、七、九から一二ぐらいで、そのうちかなりが空家だという事実を明らかにしている（『古代蝦夷の研究』雄山閣出版）。古代山夷にも同様の状態があり、里（郷）の編戸はできなかったのではなかろうかと考えられる。山谷阻険や地遠人稀のところの余戸地域で、編戸のうえ二四戸未満のなかに位置づけられるのは、相当に広い地域で生活するごくかぎられた行政よりの人々であったにちがいないと考えるのである。

蝦夷語の地名　ここまでくると、一般にアイヌ語地名といわれている、山田秀三《ひでぞう》氏が明かにされた東北に存在するある種の在来地名が考え合せられる。はたしてこれがアイヌ語なのか、同類の別の言語なのかにわかには断定する力がないので「古代蝦夷語」としておく。古代アイヌ語の文字史料というものがない以上、古代蝦夷語と古代アイヌ語と比較することすらできないからである。

山田氏は北海道アイヌ語地名とそっくりな地名が東北地方にあることに注目した。沢とか小川を意味するナイ（nai）、大川を意味するペツ（pet）、いくつかの河川のある場合小川をポン（pon）ナイ、大河をポロ（poro）ナイというが、青森県内の幌内《ほろない》や母衣内《ほろない》、大幌・小幌などがそれで、その南限地名は宮城県北西部の保呂内《ほろない》であるという。秋田県の北部にある浦志内《うらしない》や浦子内《うらしない》、岩手県北部にある浦《うら》子内《しない》などはウラシ（urash・笹）ナイとなり、秋田県阿仁《あに》の笑内《おかしない》も北海道のオカシナイ・オカンベツなどと同じでo・kashすなわち川尻に仮小屋のある川の意であるというのである。下北半島の尻労（シッカリ）も古地図には志利労（シリツカレ）とあり、もともと山のこちらという意味のシリ・ツカリ（shir・tukari）で、北海道噴火湾の静狩（シツカリ）と同じであるとの説になる。

しかも単に東北地方にいわゆるアイヌ語地名があるというだけではない。青森・岩手・秋田三県の奥地には「内」の地名が密集していて、四〇〇にもおよぶというのが山田氏の説で、奥羽山脈や北上山地にはあきれるほど「内」があると指摘するのである。米内沢《よないざわ》・惣内《そうない》・比内沢《ひないざわ》・桐内《きりない》・糠内《ぬかない》・湯口《ゆぐち》内《ない》・笑内《おかしない》・比立内《ひたちない》・大内沢《おおないさわ》・堀内《ほりない》など秋田県北の阿仁地方にある「内」地名集中などを例とし、明らかに城内《じょうない》・村内《そんない》・庄内《しょうない》などの日本語地名とは違うという。

また、(ush)という動詞に(i)のついたウシあるいはイシの牛や石の文字を宛てたり、ある・入るなどの意であるオマ(oma)に、物・者という(i)をつけた枚・舞・前などの文字を宛てたりした、津軽石《つがるいし》・日根牛《ひねうし》・黄牛《きうし》・軽米《かるまい》・世田米《せたまい》・尿前《しとまえ》・床舞《とこまい》・余路米《よろまい》も同じ系統の地名であることを指摘し、この地名の南限は、東側では、案内《あんない》・井内《いない》・品井沼《しないぬま》・混内《こんない》・作内《さくない》・惣内《そうない》・西内《にしない》・双内《そうない》・年内《としない》・鎌内《かまない》・保呂内《ほろない》・黄牛・日根牛・赤牛《あかうし》・猿内《さるない》・尿前などの集中している宮城県北部、西側では茂内沢《もないざわ》・役内《やくない》・薄久内《うすくない》・小保内《おぼない》・小比内《おびない》・院内《いんない》・本内《ほんない》・長子内《ちょうしない》・狙半内《さるはんない》・田子内《たごない》・作内《さくない》・鹿内《しかない》・男鹿内《おかない》・酢々内《すすない》・

西馬音内《にしもない》・役内《やくない》・虫内《むしない》・大見内《おおみない》・法内《ほうない》・浅舞《あさまい》・床舞《とこまい》・玉米《とうまい》などの地名のある秋田県南部であると結論している。なお小保内は生保内と思われる。

山田説はこの地名をつけた語族は奈良朝から平安朝にかけて史上に名を表わす東北の蝦夷であろうというのである。

秋田や北上川筋の平野にはアイヌ地名が少なく、山地の沢筋に多いことを申しました。いわゆる武力討伐をやられると、蝦夷は山に逃れたと史書によく書いてあります。平和入植時代になっても、和人の数がふえてくると、また風俗習慣が異なっていた蝦夷は、それをきらって和人の少ないところに引っ越して行ったでしょう。北海道アイヌの場合がまさにそうだったのです。それで平野地方は和人ばかりの土地になり、そこでは次第にアイヌ地名が消えて和人的地名になり、山間部のほうにアイヌ地名が残ったのでしょう。北海道でも、早く和人地化した津軽海峡沿いの土地や、急激に和人がふえて開かれた札幌・小樽の周辺にアイヌ地名の少ないのと同じことでしょう。いまの北海道の状況で、昔の東北の姿が察せられます。（『北方の古代文化』毎日新聞社所収「アイヌ語族の居住範囲」）

という北海道の事態を踏まえた山田氏の論を肯定的に受止めると、氏のいうアイヌ語地名と蝦夷の非農耕性との関係が絵のように見えてくる。

東北地方の南部であっても、蝦夷といわれた人々だけが集団的に住む地域では、耕地条件とか耕作技術とかの点では本来的に北部と五十歩百歩の情況であったはずであるが、大化以前から国造制下の地帯では平地で農耕社会を一円に形成して、山谷・海辺の余戸になる地域でものぞけば、旧来の生活習慣や社会構造は失われることになり、地名も移民地域だけではなくやまと言葉的に変化することになったであろうが、北部の、国家行政による古代郡郷制など施行されることのなかった、したがって南方からの移民もなかった地帯では、山田氏の論のような形で、蝦夷語地名がそのまま残り定着して後世にいたったのであろう。

柵戸の移住　蝦夷といわれる人々が新しい風俗習慣や生産手段を好まないとすれば、山田理論でいう「平和入植」によって平地の農地化が進められることになる。その代表的なものが「柵戸」である。東北関係の柵戸の初見は、本章の冒頭で見た大化の北越の柵戸であるが、奥羽両国の柵戸としては出羽建国に際しての和銅七年（七一四）の出羽柵戸二〇〇戸配置がそれである。それ以来霊亀元年（七一五）陸奥に一〇〇〇戸、同二年出羽に四〇〇戸、翌養老元年（七一七）出羽柵戸四〇〇戸、養老三年出羽柵戸三〇〇戸、同六年陸奥鎮所へ柵戸一〇〇〇人と天平の段階までに数千戸の配置が行われていたのである。それが奥羽の農業開拓に大きな成果をあげたことは疑いがない。しかし先に見た通り、そして山田説の指摘の通り元来の住民を農業適地から押し出してしまう結果も招くはずである。

もちろん柵戸配置は東北の開発主義の立場から不可欠の意味を持ち、多くの効果を持った。まず先進地の農業技術を伝えることになるから、開田面積を増し、子孫の農耕民を殖《ふ》やし、地域の経済と文化を発展させ、租税も調庸も増大し、軍事警察力の安定にも人的にも社会的にも寄与したはずである。別ないい方をすれば東北の衣食住について飛躍的な変化も与えたはずである。だが移住してきた彼らは自発的に柵戸になったのではなく、強制移住させられた場合が多いと考えられる。かりに自ら参加したにしても現在住んでいる状況に満足している人々は、遠く北辺に強い不安を懐きながら進んで移住しようとしたとは考えがたい。当事者にとって柵戸は明るい希望であるよりは圧迫感をともなう義務や役務に類するものであったことはたしかである。

そして山田説の取りあげる新しい来入者移住者を好まない人々は、結局積極的に「きらって」自分の生活を決定することになる。多少の嫌がらせをする者もあろうが、大体は住み慣れた故山の地を捨てて辺鄙《へんぴ》のところに引き籠るか、離れた僻遠の地方に流浪するかするほかはない。やがて八世紀の五十年代に浮浪人を桃生《ものう》柵とか雄勝柵とかに配してから、陸奥で八世紀末に乞索児《ほかいびと》・浮宕百姓・浮浪人を数千人も受け入れている状況になると、先進的な技術や淳美な生活文化だけが伝わるということにはならなくなる。そして先行した柵戸対新来の柵戸など集団移民の間にも反目や対立が生じる。それがもとからの山夷や田夷をも巻き込んだ範囲まで増幅することも自然の成り行きである。

強いものが弱いものを圧倒するのは、生物界の哲理ではあるが、それが山夷の生活を営む人々を移住農民が圧倒し押しだすだけではなく、田夷までをも土地兼併や隷農化によって移住農民が支配するような好ましからざる形になってしまうのは火を見るよりも明らかである。それがさらに同じ移住者の間にもおよび、先に移住し安定した農業経営を樹立していた人々が、あとからきた、ことに貧弱な生活能力しか持たない者や、怠けて能力を発揮しようとしない者を、すっかり被搾取者の立場に立たせてしまうような場合もいたって常識的に想定することができる。

豪農化した人々が地方官僚と組んだりして、やがていわば荘園制的形態のなかでしだいに成長していくことも歴史上重要な推移であるが、それよりもむしろ劣者ないしは敗者になった側についての思いが強く働きかけてくる。四半世紀前に『古代東北の開拓』（塙書房）という一書を物したころには、柵戸のことを含め、武力征服以外の文化や産業の充実開発は、古代東北の歴史にとって高く評価できることであると受け止められた。評者によるとそれは開拓史観というものに属しているらしい。それでも前節でも取りあげた東人の「鎮守の本計」などは、古代東北の史的発展にとって、もっともその本道となるものであり、中核的価値を持つものと位置づけうると考えた。

開拓の侵害　山田説の、「武力討伐」はもちろん「平和入植」なるものも「蝦夷は山に逃れた」原因であるとする指摘は、見落すことのできないものであることがしだいにわかってきた。もちろん柵戸には「徒刑植民されたもの」があり、それが前項で指摘したように圧迫感の強い移住をしたものであろうことは容易にわかってきた。さらに斑状文化というものについて沈潜して考察をめぐらしているうちに、続縄文的な遺制は、「米はなくても東北の天地は豊富に食糧に恵まれていたので」「適応性のない稲を、東北の天地で無理に栽培する必要はなかったのである」と考え、稲作農耕を受容せずいわば山夷の状態にあるのは、能力の問題よりも好みの問題なのだということに気づいたのである。『古代東北史の人々』（吉川弘文館）の序章にも「稲作を営まないという事実は、彼らが自ら主体性をもって決めただけのことで、何ら恥ずべきことでも、自分たちの無能を示すことでもなかった」と書き「彼らにとって選択の問題でしかなかった」と彼らの立場に立って位置づけることができるようになった。

そうなると、柵戸を先達に農耕民が農業開拓を推進することは、非農耕民にとっては環境破壊以外の何物でもないことになる。田夷に対しては良質耕地の侵害となり、山夷にとっては山野の耕地化から残された山野領域までも灌漑用水や薪炭用材・建築土木用材などのために汚染破壊されることになる。したがって、その現象を招く施策の象徴のような柵戸の件についても見方に変化が生じて、「結果論としては侵略されることになり兼ねない。現地民にとっては柵戸からの影響も明暗両面があった」と叙述するようになった。もちろん明が大きいか暗が大きいかの見方は、当時においても後世においても分析し評価する立場によって異なることになるであろう。

そして当時の少なくとも「多賀城碑」に「蝦夷国」と記されるような地域と接触している立場にある人々は、俘囚といわれる人々まで山夷の集団と共感するものを持ち、根源の国家そのものを敵視することになる。そのような場合、東北に進出してきた出先機関や農民が眼前の侵害者として憎しみの対象であるが、その背後にあるものの根源や本質を知ると、そこにまで敵意は拡大されることになる。

しだいに研究者のなかでも、律令国家の東北政策を、根底から否定的にとらえる説を形成する人も現われるのである。それは山田氏の見方考え方と共通するところがある。

北海道で生活される研究者の方々にことにその見方が明白であるとすれば、北海道の山野に詳しく親しかった山田氏説となにか通ずる心情と理解を持っているのかもしれない。その代表的な説は北構保男氏の論である。

氏は先の『古代蝦夷の研究』の改訂版のなかでも、高橋富雄氏においては、「東人ノ本計」ということについて「武力を背景とする示威・利害の勧奨、また両者をもって宥和不能の場合においては、〝以夷撃夷〟の計、最終的目的は屯田的植民方策の実施、つまり一種の柔軟な熟柿的蝦夷政策を意味する、としているようである」と把握し、また私見については「示威・教喩・民生安定策を説く田辺難破の言のごとく、早く賊地に入り、耕種して穀物を得、現地軍や良民のために糧秣運送の費用を省こうとするのが〝東人ノ本計〟であり、これは藤原麻呂の支持をもえていた、東北開拓経営上の基本方策であったとする」と把握した上で、両説とも「武力を背景とする示威、利益の赴くところを諭す説得、そして、内・夷両社会の共存をめざすところにあるとする見解については、異質のものではありえないはず」と位置づけられる。

そして「それでは、古来の土着の住民である蝦夷あるいは蝦夷社会と、畿内政府の開拓政策のもとに、新しい植民地すなわち固有の蝦夷社会の国土に、いわば割り込んでくる内民との共存社会」を目指すことになるとし、「蝦夷社会を内国化するための強硬策を進め、これに対して固有の原住者である蝦夷社会が、その国土と社会の存続を期して強力な抵抗戦にたちあがったというのが実態である。いずれにせよ最後には必然的に武力解決に訴える場合が多い」から「あるいは、一時的に内民と蝦夷の共存する地域社会を許容したとしても、それはあくまで方便にすぎず」「蝦夷社会の存続と福祉を考えて、その民生の安定策を策定した跡はみられない」と断じている。

北構氏は天平の大野東人と元慶の乱の藤原保則を対比し、畿内政権の尖兵として活躍し、事件処理に卓越した手腕を発揮した代表的人物の二人につき、ことに保則には「蝦夷社会に対する愛情がにじみ出ている」と高い評価をしながらも「古代畿内政府の蝦夷社会吸収策は」二指導者の融和政策が生かされたとはみえず「本質的には一般的植民地主義がかなり能動的に作動していた」と結論している。

植民地主義の理論的追究とか、日本古代の東北政策がこういう歴史に普遍妥当性を持っていなかったのかとか、吟味すべきことははなはだ多いが、あえて氏の論でこの項を結びたい。

三　阿弖流為までの順服と抵抗

1　良民への憧憬

建郡希求　出羽国が生まれ、まず柵戸の配置が記録された。つづいて陸奥でも坂東六国の富民一〇〇〇戸が配置されたと『続日本紀』霊亀元年（七一五）五月三十日条に記されている。同十月二十九日条には、

陸奥の蝦夷第三等邑良志別君宇蘇弥奈《おらしべつのきみうそみな》ら言《もう》さく、親族死亡して子孫数人なり。常に狄徒《てきと》に抄略せられんことを恐る。請《こ》うらくは香河《かがわ》村に郡家《ぐうけ》を造り建てて、編戸の民として、永く安堵《あんど》を保たんことを、と。また蝦夷須賀君古麻比留《すがのきみこまひる》ら言《もう》さく、先祖より以来、昆布を貢献せり。常にこの地に採りて、年時闕かず。今、国府郭下、相去ること道遠くて、往還旬《じゅん》を累《かさ》ねて、甚だ辛苦多し。請うらくは、閇村《へむら》に便に郡家を建て、百姓に同じくして、共に親族を率いて、永く貢を闕かざら

んことを、と。並びに許す。

とある。この二件の建郡の要求は、直接の表現では郡家すなわち郡役所を設置してほしいというのであるが、実質的には陸奥国何某郡を新設し、すでに蝦夷の帰順した勢力に与えられていた「君」の姓をえているような豪族や富民が「編戸の民」として令制良民になることを希求し許されて望みを実現したということである。

ここには香河村と閇村とがでていて、前者は田夷的な農村であり、天平二年（七三〇）の田夷郡建置を一五年遡った状況をここに見ることになる。天平の田夷郡が遠田郡であるとすると、常識論ではそれより南の地が候補になり黒川郡あたりを考える説もあるという（新日本古典文学大系『続日本紀』二）が、登米《とめ》郡中田町の加賀野を当てたりする説（朝日新聞社六国史『続日本紀』巻上）もあり、それだとより北になる。しかし『続日本紀』天平九年条の和我君の例もあるので、田夷郡になるよりも北の田夷的村落であっても不都合ではない。邑良志別は、例の浦子（志）内などという地名と通じているが、『日本後紀』の弘仁二年（八一一）七月二十九日条に「邑良志閇」という地名もあり、いくつもあった地名の可能性が強く、特定は困難である。宇蘇弥奈の「宇」という音は蝦夷・夷俘・俘囚などの人々にきわめて多い人名音であるが、彼はすでに蝦夷に与えられる全部で六等ある爵の三等を受けている有位有姓者であるから、国家の行政支配のなかにどういう形かで参入していた者であり、こうした人々が陸奥国で明治以後の陸前の北方にもいたことを確認しておく必要がある。直接柵戸などの影響を受けずに達していた田夷的な蝦夷の存在を示している。

後者の閇村については、やはり『日本後紀』弘仁二年七月二十九日・十二月十三日両条に弊伊《へい》村・閇伊村と表記される土地があることをすぐ思い合わせることができる、となると陸中海岸になる。北上山地も閇伊には含まれるが、ここでは昆布の産地なので山地は除外される。北すぎるという指摘もあり一理ある。昆布に注目すれば南限の牡鹿《おしか》半島あたりまでは候補地たりうる。気仙《けせん》とか本吉《もとよし》あたりを想定してもいいであろう。いずれにしても昆布の貢納的交易が古麻比留の先祖の時代から行われていたということは、これも確認しておく必要がある。少なくとも七世紀から、ひょっとしたら六世紀からも東北の昆布は大和の方に送られていたのである。須賀がどこかについての諸説のなかには、八戸説までもあるが決め手はない。『日本書紀』の斉明天皇四年七月四日条の「青蒜《あおひる》」と通じる部分を持つ人名を見るが、彼は爵はないものの有姓者で、毎年国府に昆布輸送をしていた人物だとしても不自然でないことがわかる。必需品獲得のためにはいかに常識を超える早い時代から遠いところまで、人々は努力するものであるかを明確に物語っているが、「旬」は熟語となる場合の組む語によって月や年の意も持つがここでは旬日すなわち十日の意であろう。旬日を重ねるということになれば相当の距離である。当時の国府は今の福島県中通《なかどおり》にあり、そこまで往復したことを物語っている。でも八戸などでは遠すぎよう。

郡を蝦夷が建置したいと願い許された、現在に資料の伝わる最古の例は『日本書紀』天武天皇十一年（六八二）四月条にある「越の蝦夷伊高岐那《いこきな》ら、俘人七十戸をもて一郡と為さんことを請う。乃ち許す」とあって、きわめて普通に二里（郷）にしかならない郡を建てたか、二里（郷）と余戸式の郡にでもしたかの郡の建置を許された例がある。『日本書紀』段階なので特に蝦狄伊高岐那とはないが、もしこの八世紀段階なら狄郡であろう。それにしても香河村に建郡を求める勢力が、弱体化したために狄徒に抄略されることを常時恐れているというのは一寸考えさせられるところである。出羽側の狄が侵略してくる意なら香河は奥羽山脈よりの地であろう。もし陸奥側の蝦夷同士の敵対勢力の意なら、自分たちの仲間である蝦夷と敵対勢力を区別して、狄徒と表現したのかもしれない。いずれにしても爵と姓を持つような勢力と、いつもそれを侵略しようとする勢力のあったことははっきりしている。

こういう勢力関係にあるために、親密勢力圏の郡衙などを巡察するように按察使《あぜち》などがやってきて、上毛野広人のように、服属していないその狄徒と書かれるような勢力の攻撃で生命を失うという、戦乱状況を導き出すことになるわけである。良民になることへの憧憬の顕在する背後には常にそれに反対の動向も潜在しているのである。

俘囚と夷俘　夷から良民への道程に俘囚・夷俘がある。蝦夷に由来する夷俘と俘囚の間に「明らかに区別」があるとする伝統的な論に対し、両者についての史料の表示は区分観が「元来はっきりしない」ものだとする著者の俘囚論（「古代俘囚論」『日本歴史』四三八号）は、通説に対し批判するところはあるが、そう新味はないものらしい（「一九八四年の歴史学界―回顧と展望―日本古代三」『史学雑誌』

九四編五号)。石母田正氏の化外《けがい》を隣国(唐)・蕃国(高句麗・百済・新羅・渤海)・夷狄(国家を形成しない集団・蝦夷など)としている『古代国家論』から出発する意見は、古くから定説化していると位置づけられてきた服属度による蝦夷・夷俘・俘囚の区分論をしりぞける論を形成した。関口明氏は、まず両者の服属年代の違いにより相互に閉ざされた身分集団として並存していたと論じられた(一八、九世紀における移配蝦夷の実態」『日本歴史』三五七号)が、さらには史料上のほとんどの関係事項を網羅して「律令国家と蝦夷支配」という構造的な論説(『蝦夷と古代国家』吉川弘文館)を展開した。

後者は細かい分析の上で俘囚に吉弥侯部《きみこべ》の氏称が多く、夷俘に吉弥侯部が一例もないとし、夷俘は地名+公の氏姓を称し、吉弥侯部で単に「吉弥侯部某」というのは東北南部から中部にかけて多く、また「陸奥国俘囚吉弥侯部某」と俘囚の称のあるものは出身地の具体的表示がないことを明らかにした。

そしてその「陸奥国俘囚吉弥侯部某」の表記をされる人々は征夷の過程で褒貶《ほうへん》の対象となっており、八世紀後半以降の征夷の間に降服したものが含まれているとする論を導きだされ、俘囚は直接国司が統轄しており、改姓により公民化した。夷俘は公姓賜与されても夷俘以外にならない。内国に移配された各地の夷俘は二代後に調庸民化する。俘囚は当土安置となるため、弘仁二年以降俘囚・夷俘問題は夷俘問題に一本化した。ということなどが明らかであるとされた。きわめて整然としていて、新しい。

だが、俘囚と夷俘のことはそう理論的に一本の話の筋でわりきれるほど単純ではない。史料が相当にありながらも、肝腎のことについて必要にして十分な史料がすべて備わるということではないからである。そこで典型的な業績として高橋崇氏の「東北地方住民の律令制」という『律令国家東北史の研究』（吉川弘文館）に収められる長文の論考に注目してみる。高橋氏は関口氏が採りあげた史料と部分的な違いはあるものの基本的には同質の根本史料を網羅考察した結果、「化内人・化外人の区分は理屈の上のことであり、歴史の現実に則して考えると、こうした二区分だけですませられず、さまざまな複雑な問題が生じてくる」との結論的な大前提を立てて、その「複雑化させる根底にある」蝦夷を追究し、帰服狄から俘軍をへて、「俘囚と夷俘」の考察を進められた。

その考察では、各項目ごとに部分的な結論がだされている。そのなかからいくつかについてみると、まず八世紀前半の半世紀に「蝦夷と国家との関わり方」を整理すると、㈠編戸への道、㈡建郡・編戸への道、㈢田夷・山夷への道、㈣俘囚への道、㈤夷俘への道となるが、㈣㈤は「蝦夷反乱→征討があったとはいえ、それによって対応が急激に変化したともいえそうにもない」「新しく関わりをもつようになったための措置とでもみるべきなのであろうか」「八世紀以降、俘囚・夷俘が、その他国移配をふくめて、何かと問題になってくる。以下、それぞれのより具体像を解明せねばならない。勿論、俘囚・夷俘等については、多くの議論がある。しかし、なお、決定的な結論がでたともいえない現状である」という表現ではじまる。

そして「彼等が自分の名前をどう称したのか確実なことは不明ながら、国家側がそうした彼等と接触し、記録の必要を覚えた場合は名のみ記し、その後、彼等と永続的関わりが生ずるようになると賜姓し、記録的には『氏＋姓＋名』型、または、『氏＋名』型の表記を行なうようになるのが一応の原則であった」というような形の論調なのである。述部だけを拾ってみると「考えてみる必要が生ずることもないわけではないと思われる」「推定することは無謀なことではあるまい」「もともと公民であったのか、元俘囚であったのであろうか」「とでも考えねばならないであろう」「断定は保留せざるをえない」「大であるとはいえても、なお、断定するに至らない」「その辺の事情の解明が今後に残った」「見做しうるかも知れない」「全く判然としない」「何に因むかは判らない」という懐疑的な形がつづく。

さらにこの文型は、「ではないかと思うのである」「結果であったとみておこう」「社会的にそれが十分に理解され、機能する、通用する、等といえないことは直ちに気付くであろう」「したとはいえそうにもない」「存在しないのであろうか」「なったのであろうか」「みるべきなのであろうか」「いうことになるのであろうか」「理由はなお不明である」「という疑問が生ずる」「ということなのであろうか」「関わりはどうなのであろうか」「夷俘としたのであろうか」「正式に何といったかは不明」「関係は不明である」「となるのではなかろうか」「とのみいっておこう」「そのままに受けとることには慎重でなければならないであろう」「疑問視せざるをえないであろう」と数えきれない。

俘の哀歓　高橋氏の「夷俘について正史の記録を検討してみた。その結果は如何、というと、明快な理解なり原則の把握が十分にできたとはいいがたいという思いが残る」「曖昧な使用はすでに『続日本紀』の段階で認められる。俘囚にしても夷俘にしても、当初から原則が確立されず、漠然とした区分けにすぎなかったのであろうか」という冷静な詠嘆ともいうべき文章を主体的に読み、深く同感したうえで、「たとえば、それは蝦夷を調庸民とし徴税するため、つまり、国家財政のため、という通俗的に流布している説があるが」「しかし、蝦夷→調庸民化説の実証が極めて困難、いや、無理である」との吐露的表現に接するとき、新味がないと評される私見にもそれなりの意味はあると考えられるのである。自分の夷俘・俘囚観を基にこの人々の哀歓をたどってみたい。

初めて古代東北史の小著『多賀城と秋田城』(東北出版)の原稿を昭和三十三年に書いた時に、第一番に認識した「俘」は俘囚でも夷俘でもなく、「俘軍」であった。次節でみる伊治《これはるの》呰麻呂《あざまろ》の乱に際して按察使紀広純《きのひろずみ》は「俘軍を率いて入る」と記されている。その俘軍が、本来は同類であるはずなのに自分たちを侮蔑する勢力を、血祭りにあげるのである。近かった者を、それまでは遠かった者を介在させた人間関係のために殺さなければならなかった哀愁を、これは、俘軍だけではなく俘囚も夷俘も俘と呼ばれる人々すべてに共通するものだと感じた。それならこの項題も「俘の哀愁」とでもすべきであるかのようであるが、実は一面裏切り者のように感じられた連中を討った歓びや、俘同士の連帯感のもたらす歓びもあることを思い「哀歓」の語を用いたのである。

そしておそらくその歓びの一つに、『続日本紀』天平八年（七三六）四月二十九日条の「陸奥出羽二国の有功の郡司及び俘囚二十七人に爵を賜うこと各々差有り」、天平宝字四年（七六〇）正月四日条の「俘囚の功有る者は、按察使簡定して奏聞せよ」、宝亀四年（七七三）正月一日条の「大極殿に御して朝を受く。文武百官、及び陸奥出羽の夷俘、各々儀に依って拝賀す」などのことがあると思われる。そこには「俘」という存在でなければ体験できない満足感や誇りや歓びがあったにちがいない。ところがそれは純一に歓喜だけではない。伝統の多くを失う悲哀がいつも裏打ちされていたはずである。愁しいこころを引きずっての俘の歓びなのである。

よく知られているように『続日本紀』の俘囚史料は神亀二年（七二五）閏正月四日条の俘囚移配にかかる件が初見である。すなわち前章でも扱った、

陸奥国俘囚、百四十四人伊予《いよ》国に配し、五百七十八人筑紫《つくし》に配し、十五人和泉《いずみの》監《げん》に配せり。

という条文である。そしてその前提が前年の陸奥国大掾佐伯児屋麻呂を殺した海道蝦夷の反に対する持節大将軍藤原宇合《うまかい》以下の征討であったのであるから、常識的にいえば敵対し征圧され降伏し「俘囚」となって配流されたという形になるであろう。俘と呼ばれる人々がその身分的根底から哀しい立場にあったことがわかる。

『続日本紀』天平九年（七三七）四月条にも東人を迎えた難破《なにわ》の軍中には「帰服狄俘」二四九人がおり、翌十年の「駿河国正税帳《しょうぜいちょう》」には俘囚部領使のことが見えるが、陸奥国から摂津職に送られる

伊勢	近江	佐渡	伊予
遠江	美濃	因幡	土佐
駿河	信濃	伯耆	筑前
甲斐	上野	出雲	筑後
相模	下野	播磨	肥前
武蔵	越前	美作	肥後
上総	加賀	備前	豊後
下総	越中	備中	日向
常陸	越後	讃岐	

俘囚の人数は一一五人であった。「筑後国正税帳」にも俘囚六二人の食稲について記録されている。俘囚たちは遠く西日本に配されつづけたのである。それは、平安時代にも諸国の政治・軍事・社会的問題になっていることでよくわかる。

その俘囚郷名とか俘囚料のことは、『倭名類聚抄』や『延喜式』に明白にでている。周防国吉敷《よしき》郡浮囚・播磨国美嚢《みなぎ》郡夷浮・上野国緑野《みどの》郡浮囚・同国多胡《たご》郡浮囚・同国碓氷《うすい》郡浮囚の諸郷は、まちがいなく夷浮と書かれているものは夷俘、浮囚と書かれているものは俘囚である。山陽や坂東に多い。ほかにも「夷」と関係がありそうな郷名もあるが、いずれにしても俘囚や夷俘だけの郷なのではないかと考えられる。俘囚料は上表の国々にある。そのほかにも俘のいたことの明らかな国名が国史には見えるし、俘囚田のあるところもある。広く彼らが移しおかれたことは明らかで、九世紀後半になっても「凡《おおよ》そ夷俘の性たる、野心悔ゆる無し。放縦此くの如く、往来意に任せ、出入自由たり」（『三代実録』貞観八年四月十一日条）と記され、その三年後にも「諸国に分居し、常に遊獵を事とす」（貞観十一年十二月五日条）といわれて農耕になじまず旧来の狩を好んでいたのであるから、望郷の念なお切なるものがあったにちがいない。

俘とその武勇　俘囚を対象にしながら夷俘のことにもふれたが、通説では、夷俘は生蕃的、俘囚は熟蕃的だということになっていた。しかし法規上俘囚が夷俘とどうちがうかという古代史料はない。俘囚には令制位階が、夷俘には蝦夷爵が与えられたという。たしかに史料は圧倒的にそのような形になっているが、明別がなく通用とか混用といえるような用法の史料もあり、宝亀四年や同五年の元旦の朝儀のように「陸奥出羽夷俘」と「出羽蝦夷俘囚」とがほとんど区別なく位置づけられている例もあるし、天平宝字二年に陸奥桃生城・出羽雄勝城を造営するときに「夷俘」を徴発動員したはずなのに、同四年に論功行賞を受けたのは「俘囚」であった。功績で夷俘から俘囚に昇格したのであろうとでもしないと合理的には理解できない。

「夷俘が俘囚に身分的上昇をとげた事例は確認でき」ないというのが関口氏による新しい方向の研究である。そして氏の説のように「夷俘と俘囚は、やはり異なる対象に付された用語」であることは明らかである。だが、八世紀半ばの天平宝字に通用されていただけでなく、九世紀後半の貞観になっても、大宰府言上は同じ文中で、俘囚と夷俘を区別することなく語を用いている。それが弘仁二年（八一一）の政策によって、俘囚は当土安置となり内国移配はなくなり、夷俘の方はそれ以降も移配がつづいたため、同氏説のようにそれ以降「俘囚・夷俘問題から夷俘問題に一本化された」としても、現にこれ以後も内国においても俘囚のことが課題となっているのであるから、必ずしも一本化されて俘囚問題が消えることにはならない。そしてはたして弘仁二年以後内国移配がなかったのか否かも、半世紀以上も後に俘囚のことが問題になっている以上、確たることもいえない。高橋説が何度となく繰り返したように「こうも考えられるがそうばかりも言い切れない」とでもいうべき情況が俘囚・夷俘問題にははなはだ多いのである。

折角すっきりした理論が樹立されようという傾向のなかで、遺憾でもあるが、俘囚・夷俘の論で、かつて『日本書紀』斉明天皇五年条所引「伊吉連博徳書《いきのむらじはかとこのふみ》」にいう「類は三種有り、遠きは都加留《つがる》と名づけ、次のは麁蝦夷《あらえみし》と、近きは熟蝦夷《にぎえみし》と名づく。今此の熟蝦夷、毎歳本国の朝に入貢す」によって、都加留＝蝦夷、麁蝦夷＝夷俘、熟蝦夷＝俘囚という整然たる論（大塚徳郎「蝦夷服属についての一考察」『日本考古学・古代史論集』吉川弘文館）の提起された際も、合理的に見える文献史料をともなう魅力的な学説なのに、この史文は「毎年朝廷に朝貢関係を持っていたのは、博徳が説明し、他の遣唐使関係者も認め、唐帝の側も理解したごとく熟蝦夷だけなのである」（『古代東北史の基本的研究』角川書店）とのべて認めがたいとした。夷俘なども熟蝦夷のなかに含まれることになり、麁蝦夷＝夷俘にはならないからである。すっきりした説に接したが、今も、その時と同じ立場に立たざるをえない。

先の俘囚郷の存在も、主として奈良朝にできたものであると考えている。だからその俘囚郷を、主として弘仁以降成立の夷俘郷の名によって生じた誤記とか、誤伝とかがあっただけのことで『倭名類聚抄』のなかに記載されているのだなどとは、考えられないのである。俘囚郷と夷俘郷の間について当事者が抱いていた差異感などというものよりは、はるかに大きく、むしろ比較しがたい程度で、一般の郷や郷民が、自分たちとこの「俘」の郷やその郷民を隔てて意識していたのではないだろうかと考えている。逆に形式としては、名称も変えなかったことは意識していないほどに差別感がなかったからであろうとも論ずることはできるが、常識的にみれば、両郷の間に基本的な差があるなどとは、一般の住民の間では受け止められておらず、そのゆえにこそ奈良朝後半からは、夷俘も俘囚も、両郷も、ほとんど同義の語として用いられたものなのであろうと考えるのである。

そして、このように明快な理論が打ちたてられようとする学界の傾向のなかで、ふたたび霞のなかにもどすがごとき蓋然的な論をしながらも、ただ一つ「俘」といわれる人々について明白な事実があることだけは断言できる。それはこの人々の持つ勇武性である。だからこそ古代東北史に接した最初に「俘軍」の存在に一番強く心を惹かれたわけであろう。そしてもっといえば、これは蝦夷といわれた人々全体に共通する特性であるということもできる。

そもそも大化以前に西国の五国 造《くにのみやつこ》が佐伯部《さえきべ》の伴 造《とものみやつこ》として佐伯 直《さえきのあたい》を称していたように、俘囚というべき人々の西国移住は相当古くから存在していた。しかも軍事警察性をともなう国策であったと認められている。俘囚移配の初見であるあの神亀二年（七二五）にも常陸で「俘賊」が一般の人々の財物を焼討ちをした記述が『続日本紀』にあるから、当然それ以前に移住は行われていたのである。そして彼らが勇武性に優れ取り締る側からすれば「狂暴」であるなどといわれることになるのである。『続日本紀』天平宝字二年六月条に帰降の夷俘を「王民と為し以て辺軍に宛てる」ということがあり、そこでも「夷の性《さが》は狼心《ろうしん》、猶予《なおか》ねて疑《うたがい》多し」と断りがある。そして「天平十年閏七月十四日勅に准ずる」（六月十一日条）ともある。すでに前述のごとく同九年の東人軍に帰服狄俘二四九人がおり、出羽難破軍にも帰服狄一四〇人が属していたのであるから、奈良朝前半には、相当数俘軍兵士がいたものにちがいない。

このことは『類聚国史』（巻一九九、風俗）に見える延暦十九年（八〇〇）五月二十二日条の「夫《そ》れ夷狄《いてき》を招きて中州に入るは、野俗《やぞく》を変じ、以て風化に靡《なび》かせんが為なり」とあるような政策がいくら推進されても、先に言及したとおり『三代実録』貞観十一年（八六九）十二月五日条に「新羅海賊侵《しん》掠《りゃく》の日、統領《とうりょう》選士《せんし》等を差遣し、追討せしめんとす。人皆懦弱《だじゃく》にして、憚《はばか》りて敢て行《すす》まず。是に於いて俘囚を調発して、御するに胆略を以てす。特に意気を張りて、一以て千に当たりき」とあるように、かわることのない俘囚や夷俘の本性でもあったのである。

『続日本後紀』承和四年（八三七）二月八日条にも前章でふれたように「弓馬の戦闘は、夷《い》獠《りょう》の生習にして、平民の十その一に敵す能わず」といい、原拠の官符所収の陸奥国解《げ》には「平民の数十その一に敵せず」といっていた。さらにその表現は『続日本紀』天応元年（七八一）六月一日条にも「賊中の首たり。一以て千に当たる」という形ででていた。味方させればきわめて有力で、敵に迎えればはなはだ手強い人々を、軍事力として活用することは、律令国家にとって班田農民に位置づけて租・庸・調以下を徴収することとならんで、あるいはそれ以上に対夷政策の両輪となるものであったといってもよい。これが後にもたびたびでてくる「夷を以て夷を制す」ということに連なるのである。

良民願望　その俘囚という扱い方からもう一歩進んで、良民すなわち班田農民への希求は、先の建郡希求が地的なものであるのとならぶ人的な希求であるといえる。まずその一つの集中期として称徳朝後半の史実を見ることができる。『続日本紀』神護景雲元年（七六七）十一月八日条に「出羽国雄勝城下の俘囚四百余人、塞に欵《かん》して内属せんことを乞う。許す」とあって、陸奥の桃生《ものう》城とならぶ雄勝城では城下に俘囚もおり、それが住民として定着し、一〇年近い歳月をへて、願望によりさらに一段進むことを許されたわけである。内属の内容は必ずしも詳細にはわからないが、位も貰える俘囚がさらに内にといえば内民という概念であろう。高橋氏は「吉弥侯部賜姓の対象になったのではないだろうか」（『律令国家東北史の研究』）としている。この雄勝の人たちはもともと東北の原住の人であったと考えられるが、奇妙な経歴を訴える俘囚集団もいた。

『続日本紀』神護景雲三年十一月二十五日条に、

　陸奥国牡鹿郡の俘囚外少初位上勲七等大伴部押人《おしひと》言《もう》さく、伝え聞くに、押人等本是《こ》れ紀伊国名草《なぐさ》郡片岡里人也。昔は、先祖大伴部直《あたい》征夷の時、小田郡嶋田村に到りて居れり。其の後、子孫、夷の為に虜《とりこ》とされ、代を歴《へ》て俘と為る。幸に聖朝運を撫し神武辺を威するに頼って、彼の虜庭《りょてい》を抜け、久しく化民と為る。望み請うらくは、俘囚の名を除き、調庸の民と為されんこを。と、許す。

とあり、翌年四月一日条に、

陸奥国黒川・加美等一十郡の俘囚三千九百二十人言して曰く、己等の父祖、本是れ王民、而るに夷の略す所と為り、遂に賤隷と成れり。今既にして敵を殺して帰降し、子孫蕃息せり。伏して願うらく、俘囚の名を除き、調庸の貢を輸せん。と、許す。

とあるのがそれである。ともに蝦夷に捕虜になったというのである。臨戦地帯の話なのでそういうこともありうるであろう。それにしても八世紀になってからのことなら二世代ぐらいをへているであろうが、人口が子供も入れて四倍ぐらいになったと仮定して一〇〇〇人ぐらいが虜とされたことになる。一〇郡にも分住しているので、算術平均するなら一〇〇人ぐらいの単位で捕虜になったことになる。とするならばこれも必ずしも非現実的なことではなかろう。だが家族全体で捕えられたのでなければ、多くは蝦夷の女性を妻として、子孫蕃息となったにちがいない。どうであろうと俘囚は賤隷で脱出したい身分であり、先祖は王民だったのだからとの理由を掲げて班田農民としての貢租公課を負担しようというのである。良民への希求がいかに強いものであったかがわかる。

少し理屈っぽいが、押人の言い分もおかしい。まず小田郡にいたのにどうして牡鹿郡俘囚なのかも腑に落ちない。それはどうも賊地とも見えないが、小田郡はもともと一部が蝦夷の地で、そこに留められていたのが牡鹿郡に抜け出したのだと理解するとして、先祖に大伴部直という氏姓を擬定しているのは不審である。大伴直（連）ならぬ大伴部某が上昇して称するような「部直」など持出すところに出自経歴のありかたが読みとれるような気もする。すなわち折をえて俘囚になり俘軍に属して勲位をえたような俘軍豪族が、摂取した知識にもとづき、しかるべき理由を設定して、調庸の民たらんとしている状況が読み取れるのである。そしてこうした望みは次々とかなえられたにちがいない。それが律令国家の東北支配の目的であるはずだからである。

東北在住の非班田農民を農民化するだけでは、政府の態度が積極的であればあるほど開拓要員が不足になる。右に引用した史料の称徳朝ごろは、かりに開拓線と名づけるとすればその線の到達点は現在の宮城県の最北部あたりになる。具体的に史料にでてくるのは伊治《これはる》城の設置と栗原《くりはら》郡の制定であった。神護景雲元年に伊治城の「作了」したことが『続日本紀』同年十月十五日条に記され、同月二十九日条に「陸奥国栗原郡を置く。本是れ伊治城也」とある。伊治を「いじ」と読むと奇異に感ずるが「これはる」「これはり」と読むと「くりはら」に転ずることはいたって自然である。神護景雲二年十二月十六日条には「陸奥国管内及び他国の百姓、伊治・桃生に住むを楽《ねが》う者は、宜しく情願に任せて到るに随って安置し、法に依って復を給すべし」という勅文が載っている。自発来住者を任意に住まわせ免税役の恩典を与えるというのであるが、国側の「多々ますます弁ず」の立場が、実は好都合である程度を超えて願望であることをうかがえるのである。

同じような趣旨だが、一歩踏み込んだ勅が翌年紀二月十七日条にある。「陸奥国桃生・伊治二城、営造已《すで》に畢《おわ》んぬ。厥《そ》の土沃壌にして、其の毛豊饒なり。宜しく坂東八国をして各部下百姓を募り、如《も》し情に農桑を好み彼の地の利に就かんとする者有らば、則ち願うに任せ移徙《いし》させ、便に随い安置せしむべし。法の外にも優復し、民をして遷るを楽《ねが》わしめよ」という率直に本音をのべたものである。だがなかなか希望者はおらなかったようで、四ヵ月後には「浮宕《ふとう》の百姓二千五百余人を陸奥国伊治村に置く」という、浮浪人をおそらく強制的に集めて移動させた事実が『続日本紀』に記されている。

このように強い良民化への希求がありながらも決して国策を満足させることのできない限界を、延暦十五年（七九六）になっても相模・武蔵・上総・常陸・上野・下野・出羽・越後などの国民九〇〇〇人を伊治城に遷し置いたという事実があったことで、はっきりとうかがい知ることができる。これは、神護景雲三年二月の坂東八国から桃生・伊治に移住させようとした政策をまだ達成できず、引続きそれを具現しようとしていたというのが実情だったことを示しているにちがいない。ただ伊治地方に対するこのように三〇年にもおよぶ強力な移民策は、当然なんらかの反発を招かないではいないであろうと思わしめるものがある。

牡鹿丸子氏の台頭　大伴部押人《おしひと》が在地有力者の一人として名を表わした牡鹿郡で、丸子氏一族がその存在を顕著にしてくる。『続日本紀』天平勝宝五年（七五三）六月八日条「陸奥国牡鹿郡人外正六位下丸子牛麻呂・正七位上丸子豊嶋等二十四人に牡鹿連の姓を賜う」というのが初見史料である。これだけなら有名な神護景雲三年の多人数の陸奥国諸郡の豪族の改賜氏姓の件などに照らし格別珍しくもないが、牛麻呂らの賜姓から二ヵ月半ほど後に「陸奥国人大初位下丸子嶋足《しまたり》に牡鹿連の姓を賜う」（『続日本紀』八月二十五日条）とあり、この嶋足が陸奥現地人出身者としては稀有の立身出世を遂げることによって、この一族に重大な注視をしなければならなくなるのである。

この丸子氏については、初めて関係史料に接した時から牡鹿地方在住の地方豪族であると考えてきた。第一章でも登場したこの道嶋《みちしまのしまたり》嶋足はその丸子一族の出世頭である。中央に出仕した彼とは別に在地において活躍し栄光を得た人々も次に見る通り多い。そこに一つの問題がある。これほどの豪族が陸奥原住の人々ではありえないと考える学説が生まれてくるわけである。そしてそれはきわめて有力だとも、数的に優勢だとも評しうる状勢にある。私見では丸子一族は元来蝦夷と称された人々であると考えている。

また丸子は丸子部と同じで和珥《わに》（和邇）部であると古くから考えられてきた。それに対して最初に明確な別見を提起されたのは井上光貞氏であった。昭和三十一年刊行の「陸奥の族長、道嶋宿禰について」（古代史談話会『蝦夷』朝倉書店）という論文で、マルコ・マリコ・マロコなどで、六世紀代の皇子名を反映する子代《こしろ》・名代《なしろ》の部であろうとして丸子氏を和珥氏ではなく皇室との関係において位置づけられたのである。実は両方ともに可能性のある説であるが、厳密にいえば奈良朝にどう訓《よ》まれたのかは決め手がない。ようするに学説なのである。

皇室と結びつく部であろうと、大和豪族と結びつく部であろうと、ともに東国にあってもなにもおかしくはない。もっと限定して陸奥国について見ても直接結びついた存在もあろうし、坂東などを中継としておよんだ存在もあろう。そしてこの丸子の氏を称える人々がどのようにしてこの氏を称するようになったにしても、彼らが陸奥原住の人であるのか、移住者であるのかという問題は存在しうる。昭和三十四年に刊行の小著で「蝦夷人と称せられた東北の出としては、当時における空前の輝かしい三〇年を送った人といわなければならない」(『多賀城と秋田城』)としたのは、『続日本後紀』承和十五年(嘉祥元年)二月十日条に上総国の「俘囚丸子廻毛《つむじ》」という人物の存在することから、丸子嶋足も蝦夷系の人物と判断したものであった。だが「在地族長氏族ではあっても、もともとは蝦夷出身ではなくて、内民系譜第層であるというのが、その勢威の基礎をなしていたらしい」(高橋富雄『蝦夷』吉川弘文館)とする昭和三十八年の名著の説もあって、それを支持する唐木順三氏の説(『歴史と人物』一九七四年四月号)もある。さらには丸子廻毛が「道嶋宿禰氏とどう関連づけられるものかは問題」として「伊治呰麻呂《あざまろ》の乱に際して道嶋大楯《おおたて》が呰麻呂を夷俘の種として侮ったという記事を信ずれは、道嶋宿禰一族には蝦夷とは異なる外来者としての伝えがもたれていたことが指摘されよう」とする近年の説(伊藤玄三「道嶋宿禰一族についての一考察」『東北古代史の研究』吉川弘文館)もある。少しここで付言をすれば、「伝え」は持たれていたとかりに認定しても伝えが史実だと実証することははなはだむずかしいことであろう。

先にもふれたし、後にも言及するが宝亀元年(七七〇)に蝦夷宇漢《うかん》迷公宇屈波宇《めのきみうくつはう》らの族党が叛旗を翻して「賊地に逃げ還」った時、おそらく他の地方官たちではとても対応することができなかった現地に赴いて、わざわざ都から下ってきて検問にあたったのは嶋足であった。彼しか叛夷を直接問えないというのは、彼しか蝦夷の言語も隔意なく解する親近性を持つ顕官がいなかったからであろう。だから直後に苅田麻呂も陸奥入りできたのである。

丸子氏がもともと内民であったのなら、田辺難破《なにわ》が「上毛野《かみつけぬの》」を賜与されたように、あるいは嶋足の請いにより賜姓された人々の「阿倍」「大伴」「上毛野」「下毛野」などにかかわる賜姓のように大豪族と結びつく新しい氏姓を受けるのが常識的のように考えられる。丸子から「牡鹿」さらに「道嶋」という居住地による氏を受けたのは、『続日本紀』天平神護二年十二月条の名取公から名取朝臣へ、『日本後紀』弘仁三年九月三日条の遠田郡人竹城《たかぎ》公が田夷姓を改めたいとして「陸奥磐井《いわい》臣」「陸奥高城《たかぎ》連」などを与えられている例に通じて考えると、やはり丸子は遠田にいて遠田公になった人々などと同じような牡鹿にいて牡鹿連になる立場にいたのではないかと考えるものである。

嶋足が特異ともいうべき栄進者であることは明らかである。だが家郷牡鹿郡の方でも一族の栄進がありその象徴的な人物が三山《みやま》である。天平神護元年（七六五）嶋足が近衛員外中将になったその年末に従六位下三山は外従五位下を授けられた。すでに六位になっており、しかも外位とはいえ五位に昇ったのであるから、すでに地方豪族としての地位は嶋足と呼応するように相当のところに至っていたわけである。翌々年彼は陸奥少掾《しょうじょう》という国司の三等官に就任する。

少掾になることは、郡領になるような豪族よりは家柄としては一段上の、むしろ質の異なるような就任をしたわけである。彼がこの官についたのは七月初であったが、十二月に正四位上嶋足が陸奥国大国造になったのと併せて従五位上三山は陸奥国国造となった。そして翌年二月には大掾三山は介の田口安麻呂の鎮守副将軍兼任と一緒に軍監になった。すでに外位ではない従五位の上階に進み、現在伝わる直接の昇任史料は欠けているが、官も少掾から大掾に進んでいたのである。国司になるのも異例だが軍監になったのは違法でさえある。正式には「違式」というべきかもしれない。

というのは『延喜式』に「凡《おおよ》そ鎮守府の官人は陸奥の国人を任ずるを得ざれ」という規定があるからである。それに任用された彼は形式上この部分だけでは、彼自身が京から下向して来たとでもいうように非陸奥人の扱いとなる。移住者でまして蝦夷などでないと考える人々の立場もよく理解できる。だが従五位上である三山が、従五位下である安麻呂に対し、国司としては大掾と介、鎮守軍官としては監と副将軍という逆転した形の下僚になっている。官位相当の制度のなかでやはり三山の顕官は通常ではない就任である。同時に夷人の出自はこうした限界を超えられないのであろう。

通常でない顕官職はさらにつづく。同三年（七六九）二月三山は陸奥員外介になった。員外官ではあったとしても国司の次官に准《じゅん》ぜられたのである。彼の栄耀の感や思うべしである。実はこの通常でない彼の立身出世の根源は、『続日本紀』神護景雲元年十月十五日条の伊治城作了を賞《め》でる勅文にある。「其れ外従五位下道嶋宿禰三山は、首《しゅ》として斯《こ》の謀を建て、修成築造す。今其の功を美《ほ》め、特に従五位上を賜う」ということであった。

その経済力や労働力を動員できる力の大きさがこの勅文で裏書される。伊治地方は三山が員外介になった後には、先にみた浮宕百姓二千五百余人の移住もあったが、伊治城を作っている段階はそれがなかったから、労働力は現地原住の人々によって賄われたはずである。それを動員し駆使できた三山はそれと近いものを持っていたのであろう。掾も軍監も員外介も当然国府と鎮守府のある多賀城に勤務したであろう。『倭名類聚抄』の宮城郡丸子郷が多賀城に近いとされることは、このような丸子氏の勤務在住と関係があるのかもしれない。

陸奥国の国造　道嶋氏すなわち丸子氏を、東国からの移民の有力一族とする説の強力ななかで、そうではあるまいと考える理由の一つに、この氏が陸奥国の国造に任ぜられていることがある。周知のごとく国造には、大化改新以前に地方制度として存在していた国造国の長たる氏姓国造と、律令国家の神祇制度というべき令制一国に一員の律令国造とがある。ここでは道嶋氏が律令国造になったことを主題にしているのである。国造は地方豪族のなかでも名族なのであるから、これは「良民への憧憬」という段階をはるかに越えて、「名族への上昇」とでもいうべきであろう。この節の究極として、良民の憧憬の目標達成を象徴するような問題として、前項でもふれた律令国造の件をみることとする。

その国造就任の史料は『続日本紀』神護景雲元年（七六七）十二月八日条に、「正四位上道嶋宿禰嶋足を陸奥国大国造と為し、従五位上道嶋宿禰三山を国造と為す」とある。大国造・国造の二重組織になっていることが目につく。このような例は他にはない。通常は国造のみである。その国造は、国家に対する地方権力の服属の象徴としての役割と、令制一国を単位とする地域の神祇祭祀を掌《つかさど》ることが職務である。地域の政治主権が例外なくその国土の神の神権と結びついている古代に、地方豪族の代表的な存在である国造が、その負っている本性にもとづいてこの二つの任をあわせ担ったわけである。郡領たちも氏姓時代の国造氏族の出である場合がきわめて多く、律令国造も例外ないほど氏姓国造氏族の後である場合が多い。前時代に氏姓国造が国家中央の主権に対して持ちかつ表わしていた服属の伝統や儀礼は、氏族の伝統性としては郡領たちも持ちうるが、国郡制下郡領はやはり国司の部下の地方行政官である。その古来の性格を表出するには不向きな面もある。

坂本太郎博士の指摘以来、郡司の帯びる非律令的性質は広く認識されている。正にその通りであるが、もし彼らが国司の下僚であることを顕著に示さず、地方豪族としての独自性を明白に日頃示すものであるとすれば、律令国造の設置は必要でなかったかもしれない。だがそのようなことでは国・郡・里（郷）制の令制地方統治は不可能となる。事実郡領たちが地方豪族としての独自性を強め、中央に対する不従順から離反の姿勢に転ずるのは、私的土地所有などが一般化し、いわゆる王朝の国家態勢にかわる傾向が強まり、律令制が衰頽《すいたい》する時代になってからのことである。それに対して律令国造は、国造であることによって地方豪族としての伝統性に卓越した立場を持ち、郡領よりも前律令的・非律令的である。この性格のゆえにこそ、国司などではまったく対応することができず、地方豪族ではありながら郡司でさえもその役割を十分には達成することのできない、服属の職務執行の典型的達成者としての任をはたすことができたのである。彼らは本貫の地であるそれぞれの国の国土の神の恩頼《みたまのふゆ》を背に負い、明神《あきつみかみ》として大八洲国《おおやしまくに》を治めるという天皇に忠誠を尽し、国家に順服することを余すところなく表明できたのである。だからそういう国造にはその地生え抜きの豪族の就任こそがふさわしいのである。蝦夷の国だったところから国造になるのは、その地への近い過去の外来者などではなくて、現地原住のこの地の豪氏族であるべきである。律令国造制からいえば、丸子から牡鹿連へそして道嶋宿禰になる陸奥国国造氏族は、昔からこの地に住んでいたものにちがいない。

ただ陸奥国牡鹿郡などの地では、氏姓国造族というものは居住していないはずである。だからこの道嶋宿禰氏族のように中央官界で卓越した地位を持っている嶋足を擁している在来の大族を律令国造族とし、地元の三山とその嶋足を一組にするかたちで、陸奥にも国造を置いたのであろう。そこまで高官嶋足にこだわったのは、たしかに北部には氏姓国造氏族はいないが、伊久（具）と亘（理）以南の地には氏姓国造族はいたはずである。それらを総括する広大な陸奥一国を代表する律令国造とするには、三山が国司の官にあることとさえ超えて、嶋足を背景とするこの一族でなければ、それら氏姓国造族はもちろん、新しい郡郷地域の豪族たちをも承服させることはできなかったからなのであろう。

国造は本来右にのべたような地域の伝統性と神威とを身に帯してはいるが、通常行政の問題に直接職掌を行使することはない。ところが、この大国造嶋足と、美作備前《みまさかびぜん》二国国造和気清麻呂《わけのきよまろ》だけは行政問題に関与しているのである。清麻呂の件は延暦七年（七八八）六月に「美作備前二国国造中宮大夫従四位上兼摂津大夫民部大輔和気朝臣」という堂々の肩書きで、郡の分割と駅家の遷置を請願して許される。そして嶋足の方は陸奥国の豪族たちに神護景雲三年（七六九）三月改賜姓の所請をして許されているのである。この大量の賜姓は具体的に次の通りである。

白河《しらかわ》郡丈　部子《はせつかべのこ》老《おゆ》・賀美《かみ》郡丈部国益《くにます》・標葉《しめは》郡丈部賀例努《かれぬ》等十人→阿倍陸奥臣《あべむつのおみ》
安積《あさか》郡丈部直《あたい》　継足《つぐたり》→阿倍安積臣
信夫《しのぶ》郡丈部大庭等→阿倍信夫臣
柴田《しばた》郡丈部嶋足→安倍柴田臣
会津郡丈部庭虫《にわむし》等二人→阿倍会津臣
磐城《いわき》郡丈部山際《やまぎわ》→於保磐城臣《おおのいわきのおみ》
牡鹿郡春日部《かすがべ》奥麻呂等三人→武射臣《むさのおみ》
曰《わた》（亘）理《り》郡宗何部《そがべの》池守《いけもり》等三人→湯坐《ゆえの》曰理　連《わたりのむらじ》
白河郡靫　大伴部《ゆきのおおともべ》継人・黒川《くろかわ》郡靫大伴部弟虫《おとむし》等八人→靫　大伴　連《ゆきのおおとものむらじ》
行方《なめかた》郡大伴部三田等四人→大伴行方連
苅田《かった》郡大伴部人足《ひとたり》→大伴苅田臣
柴田郡大伴部福麻呂→大伴柴田臣
磐瀬《いわせ》郡吉弥侯部人上《きみこべのひとかみ》→磐瀬朝臣
宇多《うだ》郡吉弥侯部文知《ふむち》→上毛　野《かみつけぬの》陸奥公

名取《なとり》郡吉弥侯部老人《おいひと》・賀美郡吉弥侯部大成《おおなり》等九人→上毛野名取朝臣《なとりのあそん》
信夫郡吉弥侯部足山守《たるやまもり》等七人→上毛野鍬山　公《くわやまのきみ》
新田《にった》郡吉弥侯部豊庭《とよにわ》→上毛野中村　公《なかむらのきみ》
信夫郡吉弥侯部広国《ひろくに》→下　毛野《しもつけぬの》静　戸公《しずりへのきみ》
玉造《たまつくり》　郡吉弥侯部念丸《おもまる》等七人→下毛野俯見公《ふしみのきみ》

先学たちにも論議があった。板橋源氏は昭和二十年代「陸奥国大国造考」（『岩手大学学芸学部年報』四）なる論文で陸奥国大国造には「地方請願仲介」という機能があってそれを行使したものと論じ、井上光貞氏は昭和三十年代初他国の国造に適用できるか否かは別として、「特殊の事情」と解してもさしつかえないが、すくなくともこの場合は「元来、賜姓の処置と神社の祭祀とは、地方族長の懐柔策のそれぞれのあらわれとして本質的に類似の性格を有していると考えられるからである。一大族長にその国内のもろもろの神神の祭祀権をね《ママ》だねることと、その族長に国内の有力な族長たちの賜姓の奏請権を認めることとは、ともに族長の懐柔策として同じ性質のものである。それを通して国内の人民を統治する古代的な支配形態を認めてよいのではあるまいか。さすれば、国内神社の統一祭祀権をもっていた国造は族長たちの賜姓に対する奏請権を有していてもよさそうではないか」（「陸奥の族長道嶋宿禰について」『蝦夷』）と主張した。高橋富雄氏は昭和四十年代末に陸奥国では氏姓制が「依然として律令政治では統御できない、もう一つの政治領域を形成していた。それは国司による『表の政治体制』に対して、伝統が支配する『裏の政治体制』と言ってよいであろう」とし、「令制国司政治では徹底しえなかった政治を補うところの第二政治として、陸奥大国造支配は、もう一つの国司政治としての機能をはたしていた」（『古代蝦夷』学生社）と論じたのなどが主たるものである。

井上氏は「果してそうであるか否かは大いに問題のあるところである」としりぞけたが、我が学界における最も早期の陸奥国大国造職権論というべき津田左右吉博士の論は、陸奥国の大国造の「国内の民について賜姓のことを奏請した記事」は「越権の処置」（「改新後の国造」『上代日本の社会及び思想』）であろうとする。陸奥国の国造にとってこれが越権であるか否かというよりも、一般の律令国造についての職権観としてはこんな職権などないと見るのは妥当であろう。嶋足の所請も、清麻呂の場合と二つしか見当らないような特異の事例である。ようするに嶋足は国造としては異例の高官なのである。

2　順化の矛盾と第二次抵抗

排他の情　人間には友好の情と併存して排他の情がある。都や坂東・東海などからもたらされる文化は有形無形の両面にわたって魅力的であったにちがいない。だが実際そのなかに入ると律令地方制度も憧れ期待していたものだけを与えてくれるわけではなかった。なるほど最終的に班田農民になれて誇りや自信や満足を得たかもしれないが、皆が生活が楽になったかどうかは疑わしい。というのは税役の負担も決して軽くはないし、移住来入してきた農民たちにくらべて技術も受身で未熟な彼らは一層重い負担になる。また一部に不満のない地位を得た者が少数現われたにしても、多数の大部分の田夷出身者は、そのような少数の人々とは落差著しい状況下にあったに違いない。優秀者になった階層の人々は、移住者に上を押えられ、遅進者には下から妬まれるというようなことになった日々を生きたであろう。当然「こんなはずではなかった」と考える者も少なくなかったことと思われる。

それでも上昇できた人々は恵まれている。下層にとどまった人々がどうであったのかは察するに難くない。新来の技術も習得できなかったり、家内の労働力が不足であったりする農民は、名は班田農民になったにしても、生活は田夷の昔と同じ程度だったかもしれない。仮に若干上であったとしても、上に二層も三層もの頭を抑える存在がある状況になってしまい、相対的には以前よりも下層民の意識を持つことになったかもしれない。上層に昇った者さえ差別される内夷混住の地域では、下層の彼らはどのような毎日を送らざるをえなかったかが推測できる。それでも農耕生活を営む人々は、律令国家の方向に副《そ》う存在であるから、それなりの先が見える流れはあった。

それにくらべ、山夷の生活を営む人々は、もっと根源的なところでその生存の基本を賭ける毎日であったにちがいない。彼らは山林の動植物とともに生きている。現に生きているだけではなく、先祖代々そうして生きてきたのである。そしてその生活形態を未来永劫につづけて行く宿命にあったのである。宿命と書いたが彼らにとってそれは決して暗いものでも深刻なものでもなかったはずである。彼らはそれが好きであり、それが安定した生活であったから、すぐ近辺に稲作農耕がひたひたと迫ってくるのに、それには目もくれず先祖伝来の山夷の生活をしてきたのであろう。そして山夷の人々の生活を田夷の人々も介入も侵入もせずに見守っていたわけであろう。この住み分けが元来の蝦夷社会の平和と均衡を保ってきたのである。

ところで新来の人々が参入すると、そこにはすでに前章で見たごとく開墾のために山林が狭められ、転居させられることになるという状況が現出することになる。さらにここで考えてみたいことは、新しい来住者も、山菜や茸や鳥獣を採取し狩猟することを覚える。もともと知ってもいたであろうが、山夷の生活に触発されて一層活発に行うことになる可能性がある。そこで際限なくとまではならないにしても節度を守るということはきわめてむずかしい。

古代のことについて、積極的に語る史料はないが、近世アマゾン流域の密林地帯に入ったいわゆる文明人が、特別の意図目的や理想良心を持った人々をのぞき、有用食物を根こそぎ取ってしまうのに対し、自然のなかに生きるインデオは、動物も必要な分だけしかとらず、「森に預けて置けば増やしてくれる」という彼らの生活信条を長老が語ったという文章を読んだことがある、現代東北の山野でも年来その恵みを享受してきた地元民は、木の実も山菜も茸も、必ず一定の数や株は残して採取して、根や種や胞子の生存と増殖を考えているのに、車で入る外来の遊興族は手当りしだい悉皆《しっかい》採取してしまうので、さすがの繁茂地もすっかり衰退し、その植物が失せてしまうような状況になっていると報ぜられる。古代の本来山夷でない人々、ことに新来の人々の狩猟採取漁撈はそうした傾向が強かったものと考えられる。

それだけでも現地の山林と共生する生活は侵されるのに、新来者のなかにも脱落した農耕生活破綻者が生ずることになると、事態は一層複雑で深刻になる。それらの人々は、武器を持ち集団化していた可能性もある。そして彼らは農耕民が遊興や副次的生業として山林に入るのとはちがって、山夷のものを侵し掠め盗っても生きるために獲物や穫物を確保する必要があった。阿漕《あこぎ》に見えるような所業も出現することになりかねない。山夷との間に争いが生ずるのみならず、現地の人々全体からも嫌悪の情を持たれることになる。だれもまだ証明していないが、そのうちに考古学の発掘で確認できるにちがいない。山夷の彼らは野鳥から一部の卵しか取らず、必要な矢羽も一枚二枚と抜いて放鳥してその再生伸長を待っていたかもしれないし、羽や毛や卵を採るために動物を飼っていた可能性もあるのである。それを侵入者が盗むようなこともあったかもしれない。生活に困った戦時疎開者が近隣の野菜や果実を背に腹はかえられずくすねる類である。嫌悪や忌避の情を生ずるのみか軽侮の情さえ生まれる。

憧憬をもって迎え接した人々が期待を裏切り、自分たちよりはるかに下司で悪徳の者どもであるということになったら、現地民の思慕の情も、順化の希求もすべては揺らぎ、著しい排他の情を生起する結果にならざるをえない。いわゆる内民の来入者が増加すればするほど、このような排他の情を彼らの間に呼び起こす場面が増大することになる。

当然それは、さらに新来者間においても落差があるようになる以上、相互の排斥が発生することになる。何次にもわたる移住が行われ、早くは前章でもふれた『続日本紀』神亀元年二月二十五日条に、

陸奥国鎮守軍卒等、己の本籍を除き便に比部に貫し、父母妻子を率い共に生業を同じうせんことを願う。許す。

とあるように、先に来入していた人々が家族や親類を呼びよせた場合でさえ、先輩が後輩を完全に親切に世話をするとはかぎらないのに、自分の意思には無関係に自分がやっと生活圏を確立し、安定しようとしているときに、これも自分の意志で進んできたわけではない新来者が、既得の権益を侵害する形で闖入《ちんにゅう》してくるわけである。それが成功して「後の雁が先になる」形で先輩の自分を後輩の彼が追い越した場合にも、不成功で後輩が落魄《らくはく》した場合にも、祝福したり恩恵を与えたりするよりも、嫉《そね》んだり蔑《さげす》み圧迫したりする方が普通である。古代の東北でもしだいにもそういう社会情勢になってきたものにちがいない。

柵戸の配置　和銅・養老期にすでに奥羽に積極的な柵戸の配置があったことと、それには功罪相伴う可能性のあることには、第二章2のなかでもふれたが、奈良朝の歴史の進展のなかでは柵戸の配置が継続展開している。だから右の許可から三六年もたった天平宝字四年（七六〇）になっても、

陸奥の柵戸の百姓等言《もう》す。遠く郷関を離れて傍《ちか》く親情無し。吉凶相い問えず。緩急相い救えず。伏して乞うらくは、本居の父母兄弟妻子、同じく柵戸に貫して、庶《こいねが》わくは安堵を蒙らん。と。許す。（『続日本紀』天平宝字四年十月十七日条）

と神亀元年（七二四）と同じことの願出があって許されているのである。この間の養老から天平宝字までの配置史料は伝わっていないが、消長はあったとしても中絶は考えられない。各地にこのような移住農村が営まれたことであろう。少なくても桃生・雄勝の奥羽両国の城柵築営に伴う柵戸の配置のことは史料がある。

『続日本紀』天平宝字元年（七五七）四月四日条の勅があってそのなかで「其れ不孝不恭不友不順の者は、宜しく陸奥国桃生・出羽国小勝に配し、以て風俗を清め、亦《また》辺防を捍《ふせ》がしむべし」とある。翌二年十月二十五日条に「陸奥国の浮浪人を発して、桃生城を造り、既にして其の調庸を復し、便に即ち占着せしめよ。又浮宕の徒は貫して柵戸と為せ」とあって、こちらは国内で集め占着させた人々であるにせよ、当時新設城柵としてその整備が最重点政策であった両城には、相当質の悪い柵戸までも配置されたことがわかる。

都などの風俗を結果として清めるために桃生や小（雄）勝がその収容場所とされるとは、東北の側からすればやりきれない話の筋になるが、それとしても、このような問題児的な人々が開拓と防衛のために辺要に当てられて、その任務を達成できるものであろうか。強い疑問をいだかざるをえない。

『続日本紀』天平宝字三年（七五九）七月十六日条にも、「左京人中臣朝臣楫取《かじとり》、詐《いつわ》って勅書を造り、民庶を詿誤《かいご》す。出羽国の柵戸に配す」とやはりある種の犯罪人を柵戸にしている。もちろん彼は粗暴犯などではないし一人でしかないから、一般の住民とは無関係であるかもしれないが、九月二十七日条に「坂東八国幷びに越前・能登・越後等四国の浮浪人二千人を遷し、以て雄勝の柵戸を為す」とあるのは量的にも質的にも十分に問題になりうる。翌四年の三月十日条には「没官奴二百三十三人・婢二百七十七人を雄勝柵に配し並びに良人に従う」とか十二月二十二日条の「薬師寺僧華達《げたつ》、俗名山村臣伎婆都《きばつ》、同寺の僧範曜《ぼんよう》と博戯《ばくぎ》し道を争い、遂に範曜を殺す。還俗《げんぞく》せしめて陸奥国桃生の柵戸に配す」とかというのは正しく奥羽は柵戸という名の徒刑者の植民地になった観がある。没官奴婢として三月に計数されている五百人余の良人の本来の身分や地位は不明であるが、彼らが地元の排他心を招くか否かは、主として彼らの心懸けや行動にかかっているだろうが、単に外来者であるだけでも排他の情を招く可能性がある。

このような段階で、本居の父母・兄弟・妻子を呼び柵戸として一緒に暮らしたいという、あの陸奥の柵戸の百姓の言上があったわけであり、許されたのは、急激な移民の安定居住について、政府の緊要事であるという判断が働いたからであろう。そういえば神亀元年の出願もこうした柵戸配置の一頂点をなすさいのことであった。神亀の軍事的な進出期と、天平宝字の軍事力追加期とでは、柵戸の持っている社会的なありかたが相当違ってきているのに、国の政策は、良質の移民を徴募できなくなって、質的に問題性をかかえる柵戸移民を徴集して投入するという、一つ覚え的なものであったらしい。矛盾に気づいても「無い袖は振られぬ」でどうしようもなかったのかもしれない。

柵戸逃亡と伊治　天平宝字六年（七六四）閏十二月には「乞索児《ほかいびと》」一〇〇人を配して陸奥国に占著させているが、いうまでもなく直訳すれば「乞食少年」とでもいう趣になる人々を移住させつづけたわけである。翌年には河内国丹比《たじひ》郡の尋来津公関麻呂《ひろきつのきみせきまろ》が母を殺した罪で出羽国小（雄）勝の柵戸にされるのである。彼は『日本後紀』延暦十五年六月七日条に「正六位上尋来津公関麻呂に外従五位下を授く。関麻呂善《よ》く箏《こと》を弾《ひ》き、弁方磬《またほうけい》を造るを解せり」とある人物なので、方磬は方響であろうとの説もあるが、特異の才能豊かな都人士で単なる罪人ではなかったかもしれない。雄勝では地元の人々に文化的な影響を与えたことはたしかであろう。でも一方では母殺しの大悪人と杓子定規に受けとめられたことも事実であろう。

そして神護景雲三年（七六九）には『続日本紀』正月三十日条に、

天平宝字三年の符《ふ》を被《こうむ》り、浮浪一千人を差して以て桃生の柵戸に配す。本是れ情に規避せんことを抱きて萍《うきくさ》の如くに漂いて蓬《よもぎ》の如くに転ず。将に城下に至り復《また》逃亡せんとす。

とある。これは国司の言上なのであまりどぎつくは表現されてはいないが、もともと規避している人々を連れてきたので落着いて定住しないのは仕方がないと見て、もっと質のよい柵戸を設定することを進言する。「比国の三丁已上の戸二百烟を募り、城郭に安置し、永く辺戍《へんじゅ》と為し、其れ安堵して以後、稍々《やや》鎮兵を省《はぶ》かん」というもので、柵戸が鎮兵と通じ得る存在であるということを如実に示している。

ところで太政官がこれを受けて官奏を出し奏可されたところでは「夫《そ》れ土《ど》を懐《おも》い遷《せん》を重《はばか》るは俗人の常情なり。今罪無きの民を徙《うつ》して、辺城の戍《まもり》に配すは、則ち物情穏かならず。逃亡已《や》む無し」という理解であったし、そこで示された策は「自ら二城の沃壌《よくじょう》に就《つ》き、三農《さんのう》の利益を求めんと願うは、伏して乞うらくは当国他国を論ぜず便に任せて安置し、法外の復を給い人の遷るを楽《ねが》い以て辺守と為《な》らしめん」というものであった。無罪の人を徙《うつ》すのは穏かではないので逃亡も仕方がないという大前提のもとで、一般人でも望む者にも法規定枠外の免税役恩典で、辺防に役立てることにしたいとの虫のよい考え方であった。二城は桃生の他は雄勝かと考えられているが、あるいは伊治のことかもしれない。三農は三濃《ざんぬ》だとの説もあるが一般にいう『周礼《しゅうらい》』などの平・高・低の農であろう。

伊治のことかもというのは、神護景雲元年に私鋳銭人王清麻呂《おうのきよまろ》ら四〇人が「鋳銭部《じゅせんべ》」の姓を与えられて出羽国に流されたことにつづいて、同三年（七六九）に伊治城への移民のことが史料に登場してくるのだからである。すなわち、『続日本紀』同年二月十七日条に前節でも引用した勅があり、「桃生・伊治二城が完成し、土地が肥えていて作物も豊かなので、坂東から百姓を募り、もし好むものがあらば、望にまかせて移し定住させ、法定以上の税役上の優遇もして、人々に移住を願望させるようにせよ」と命じている。まったく二年前の移民方策を踏襲しているが、そこにはこれまでなかった

「伊治」の城のことが勅令のなかに初めて移住の対象としてでてくるのである。

そしてその四ヵ月後に「浮宕《ふとう》の百姓二千五百余人を陸奥国伊治村に置く」というあの多人数の伊治投入が行われたのである。前節で見た道嶋嶋足の所請で陸奥各郡の諸豪族の改賜姓があったのは、二月の勅から一ヵ月もたたない三月十三日であった。まず当時においては陸奥国郡郷制の最北端の未郡郷施行地帯と接際部である伊治村に城を築き、さらに北をはかるための拠点にしようとする政府は、後方の安定を策し改賜姓などしたのであろう。

伊治は永く「いじ」と訓まれてきた。後にまたふれるが十余年後に「上治郡」という、この地に郡制を施行して以後の段階の地名表記があるため、「伊治」に対する上治の訓みについて惑うところがあった。ところが、宮城県多賀城跡調査研究所で、昭和四十五年度の調査で発見された出土資料は、同五十三年二月にそれが漆紙《うるしがみ》文書と呼ぶべきものであることが明らかになり、そのなかには「此治城」と書かれたものがあり、「上」字は「此」字の略体か誤写であり、「伊」は「い」ではなく「此」に通ずる「これ」であることが知られるようになった。

この前提にもとづき同五十六年に著わした『古代史上の秋田』（秋田魁新報社）以来「これはる」と読んできたが、近時の研究では「これはり」と読む例が多いので、若干の見解を明らかにしたい。「はり」とするのは「新治」「今治」などの例から「墾」の意に解している説と察せられるが、『続日本紀』神護景雲三年に六月条「伊治村」と見られるように、伊治は郡郷開拓以前からの地名である。

これは「原」の意だと解している。だから佳字を当てて「栗原」になったのであろう。原を「はる」とする地名は西海道では一般的である。「くりはら」に至る転音としては、「はり」から「はら」になるよりは「はる」から「はら」になる方が、自然だと考えている現在である。あえていえばなお後考を待ちたい。

いずれにしてもこのような柵戸の質的状態のなかで伊治に二五〇〇人もの浮浪人を入れたということになれば、その移民たちは桃生で逃亡した柵戸の動静と似た傾向を見せるにちがいない。わずか築城後二年たっただけの地に入った、しかも今まで浮浪の生活をしていた人々が、安定して開拓や営農の生活に努めるとはとても考えることができない。むしろいわゆる賊地に接する地帯に入れられた彼らは、国家の束縛を脱して、郡郷地帯から離脱し、内国に逃亡するよりも、北方に潜入してしまうことになりかねないということになる。

順服者の叛乱　移住者の北方遁入については平安時代に入る前に史料はないが、類推できる史料がある。本書の主人公の父苅田麻呂が鎮守将軍になる一ヵ月前のことである。『続日本紀』宝亀元年八月十日条に、

蝦夷宇漢迷公宇屈波宇等、忽ち徒族を率いて賊地に逃げ還る。使を差して喚《よ》べども来たり帰るを肯《がえん》ぜず。言いて曰く、一二の同族を率いて必ず城柵を侵さん。と。

とある。一章でも前節でもふれた近衛中将道嶋嶋足を検問に出すほか人のなかったあの騒ぎである。

「公」の姓を持ち「逃げ還る」というからには、彼らはその「賊地」と表現される夷地からでてきて、令制官僚機構の末端に連なっていた者にちがいない。その宇屈波宇《うくはう》らが自分たちが在勤したであろう「城柵」を必ず侵略しようといったわけであるから、これは、半世紀前からみられた進出する中央勢力に対抗した、いわゆる蝦夷の第一次抵抗と名づけてきたものとは、まったく質的に異なるものである。一度順服していた勢力の一転した独自性回復への希求の発露で著者が第二次抵抗と名づけてきた動きだからである。東北経営は、はっきりと一つの限界、一つの壁に突き当たったのである。

宇屈波宇らと表現される彼ら一族だけのことではない。同じような立場にあり、連鎖反応を生起する可能性を持つ勢力はいくらでもあったのである。半年ほどで苅田麻呂将軍の後任に佐伯美濃が陸奥守兼鎮守将軍に任命される。翌二年閏三月一日のことである。だが二人の将軍の時代には事件が起こった史料は伝わらない。それはむしろ不穏は増大していることを語っていたのである。宝亀三年に按《あ》察《ぜ》使《ち》となり翌年鎮守将軍を兼ねる大伴駿河麻呂《するがまろ》の段階に事態は動いた。

そもそも駿河麻呂は、按察使に任ぜられるさいに「年老い身衰え、仕え奉るに堪えない」と辞退した。だが勅命は「この国の官は特に適任者を選ぶを要するから」とあえて任命したのである。建前はその通りだろうが、大伴氏の老将を難局に投入した朝廷の大勢を制していたのは藤原氏であるとすれば、その本音はどういうことであったのだろうか。その老将が鎮守将軍にも任じられてほぼ一年『続日本紀』宝亀五年七月二十三日条には河内守従五位上紀朝臣《きのあそん》広純《ひろずみ》が兼鎮守将軍に任ぜられたことにつづいて、「蠢《しゅん》たる彼の蝦狄、野心を悛《あらた》めず、屢々《しばしば》辺境を侵す」という状況であったことを記している。
その二日後の七月二十五日条には陸奥国の言上があるが、それは、
海道の蝦夷、忽《たちま》ち徒衆を発し橋を焚《や》き道を塞《ふさ》ぎ、既に往来を絶ち、桃生城を侵して、其の西郭を敗る。鎮守の兵、勢支うること能わず。国司事を量《はか》りて、軍を興して討つ。但し未だ其の相戦いて殺傷せられるところを知らず。
というもので、ついに桃生城という城柵を侵されたのである。宇屈波宇らは桃生城に通ずる奥地に逃げていたのであろうか、それとも彼らとは別に桃生に近くそれを狙う勢力がいたのであろうかは、簡単に判断できない。ようするに不穏は各方面に潜在していたのであろう。八月二日には坂東八国に対し、国の大小に随って二〇〇〇以下五〇〇以上の軍を動員せよとの勅令がだされる。国が大・上・中の三等であることを指すのだとすれば、『延喜式』ではこの八国は大五・上二・中一となる。かりに二〇〇〇・一〇〇〇・五〇〇という差で出動するということにすれば、一万二五〇〇人になり、いわゆる征夷の態勢が整えられたことになるわけである。
それにもかかわらず、発令後二十二日たっただけの八月二十四日に、
是より先、天皇鎮守将軍等の請う所に依り、蝦賊を征せしむ。是に至って更に言う。臣等計るに賊の為す所、既《すで》に是《こ》れ狗盗鼠竊《くとうそせつ》にして、時に侵掠《しんりゃく》有りと雖も、而も大害を致さず。今は草の茂るときに属し、攻むるも、臣恐らくは後悔するも及ぶ無からん、と。天皇其の軽く軍興《ぐんこう》を論じて

首尾異計《しゆびいけい》するを以て、勅を下し深く譴責《けんせき》す。

という、現地将軍側と朝廷側の間に大きく見解の相違があるばかりでなく、現実になんら成果があがらなかったことを物語っている記述があるのである。

首尾一貫しないといわれても、一挙に攻め崩《くず》すつもりであったとしても、彼ら国軍の執る中国や朝鮮から伝来の騎馬集団戦法などでは、神出鬼没の蝦夷側のゲリラ戦に潰滅《かいめつ》的制圧を加えるようなことはできないのである。

宝亀五年の意味　勅譴《ちょっけん》を受けた将軍らは、攻撃を断行したらしく十月四日条に「陸奥国遠山村《とおやまむら》は、地勢が険阻で夷俘が憑《たの》んでいるところであるが、歴代の諸将が、未だ嘗《か》って進討したことがなかった。それを駿河麻呂らが直進し撃《う》って、其の巣穴を覆した。遂に窮した寇《あだ》は奔亡《ほんぼう》してしまい、降伏して来た者はずっと遠くまで望み見るほどであった」という功績に、使を遣して宣慰し、御服《ごふく》・綵帛《さいはく》を賜ったという記述がある。実際にはそこは現在の登米《とよま》町に当たるといわれている。栗原よりも少し南である。しかも相手は夷俘である。未進討というが未服の荒夷ではない。

それにしても翌年三月下旬の史文では「蝦賊の騒動は、夏から秋に渉《わた》ったので、民は皆塞《さい》を保ち田《でん》疇《ちゅう》は荒廃す」（『続日本紀』宝亀五年三月二十三日条）ということになったので課役田租を免ずるという処置がとられているから、桃生城などの柵戸を含めた住民は、『軍防令』「縁辺諸郡人居条」の定めるように城堡《じょうほ》の内に住んでいたので、戦乱によって、営田のために外に出ることができず荘田《しょうでん》は衰廃したということであろう。これは軍防令同条が「東辺・北辺」と表記する、東北の城柵のもとではどこでも起こりうる現象である。そして今回どうにか数ヵ月で危機を脱したのは相手が夷俘で説得に応じたからである。もちろん彼らの判断の背景には対面する大軍事力の存在があったわけではあるが、それにしても未服の荒夷だったら説得にも応じなかったであろう。すでに夷俘・俘囚である人々さえ賊地に逃げかえるぐらいなのであるから、もう東北の人々は、軍事力を厭《いと》わしくは思ったとしても、政府軍を見てひたすら恐れ戦《おのの》くということはなくなっていたのだからである。これは完全に抵抗の形態が最初とはちがったことを示しているのである。

まず第一に宇屈波宇が賊地に逃げ還ったのは宝亀元年で、第二次抵抗のうえでは画期的な年となるが、戦乱が起こったのは宝亀五年であった。だからこの年は古代東北史の上で、別の限定した表現でいえば「蝦夷征伐」などと古くからいわれてきたことに関して、きわめて重要な年であったのである。初めて古代東北史にかかわったころは、第二次抵抗が宝亀段階から始まったことは理解できたが、宝亀五年の特別な意味はいまだ解していなかった。

そしてそれを明確に知ったのは、「対夷問題をめぐる九世紀前中期の東北情勢」（『日本歴史』二三七号）や「弘仁二年十二月甲戌詔の周辺」（『続日本紀研究』一三八・一三九）などの論文を書いた昭和四十二、三年ごろのことであった。そこでは従来も坂上田村麻呂将軍による延暦の征夷とならぶものとされた文室綿麻呂《ふんやのわたまろ》の弘仁の征夷なるものを注視し、右の十二月の詔に次ぐ閏十二月十一日の綿麻呂奏言を読んで「宝亀五年より当年に至る、惣《す》べて三十八歳」（『日本後紀』）という当事者の認識を確認したのである。そして、奈良末平安初のいわゆる蝦夷征伐期に関係者自身が、現代研究者の「大軍事征服時代」などと呼ぶ期間を、宝亀五年から三十八年間であるとしていたことも知ったのである。その根拠は、彼らが自身の同時代史としての体験だったのであろう。征夷時代とはこの期間であることを綿麻呂も役人として学習をし、戦陣を通じても実体験として知っていたものと考えられる。さらには彼の奏言を読み著者も感じ知ったわけである。

その後四半世紀、古代東北史の研究者は数を増し、すぐれた業績が積み重ねられて、「東北大戦争時代」とか「三十八年戦争」とかいう類の語が、きわめて一般的に使われるようになった。

著者に見えてきたのは、蝦夷・夷俘・俘囚などと呼ばれた人々の立場も戦法も一転してしまったことである。すなわち城が築かれ柵戸が配置されても、彼らは堡内に住み、騒乱には閉じこもってしまうが、夷たちは外に取り残されて戦乱に巻き込まれ、叛徒側と見られれば官兵に追われ、官側親派俘囚と見られれば夷側に報復的に責められるということになり、平和になれば開発が進むほど元来の住民たちの圏内が侵される可能性は先にのべたが、叛夷に呼応したのではと疑われたり、そういう危険性のある人々は城柵や堡村から遠ざけたいという、官人や移住民たちの姿勢に出会ったりすることになりやすい。

それだけではなく政府の移民政策から脱落した、いわゆる賊地逋入者までが政府批判から非難・排斥におよぶようになる情勢だとするなら、当然自然醸成的な嫌悪・排他・反抗の心情から発して、駄目な政策であり悪い城柵であるなら攻撃排除するのが当然であり、その実践は正しいという行動理念を導くことになる。感情から理念になったということもできる。少しも豊かにならない精神生活や物質生活のなかで、失ってしまった自主独立ということの意義と価値とを、あらためて確認することになるわけであろう。

そうなると、かつての第一次抵抗ではまったく未知といってよかった政府軍の戦術や戦略を、今や理解し習得した有位・有姓者がいて、彼らが中心となる第二次抵抗としての戦乱は、制圧するのにそう簡単なものではなくなる。宝亀五年からの蝦夷・夷俘・俘囚たちの戦いの手強さは政府側も感得し知得していた。『続日本紀』宝亀六年十一月十五日条では、

使を陸奥国に遣し詔を宣す。夷俘等忽ち逆心を発し、桃生城を侵す。鎮守将軍大伴宿禰駿河麻呂等、朝委を奉承し、身命を顧みず、叛賊を討治し、懐柔帰服せしむ。勤労の重きこと実に合《まさ》に嘉尚すべし。駿河麻呂已下《いか》一千七百九十余人に、其功勲に従い位階を加賜す。

といっている。さきに「其れ軽く軍興を論じ、首尾異計算するを以て、勅を下して深く譴責す」と叱責した将軍以下に、ここで嘉賞を加えたのはその表われである。

奥羽不穏　これまで第二次抵抗の場は陸奥国であった。しかし宝亀六年の段階になると、出羽国にも重大で顕著な状況が現出してくる。『続日本紀』同年十月十三日条には、

出羽国言《もう》す。蝦夷の余燼《よじん》、猶《なお》未だ平殄《へいてん》せず。三年の間、鎮兵九百九十六人を請い、且つは要害を鎮め、且つは国府を遷さん。と。勅して相模・武蔵・上野・下野四国の兵士を差して発遣す。

という史文があって、出羽国が国府を遷置しなければならないほどの切迫した状況下にあったことを示している。

それなのに、自国が窮しているその出羽に、四ヵ月ほどのち、きびしい命令が出されている。『続日本紀』宝亀七年二月六日条は、陸奥国が、きたる四月上旬に二万の軍隊を派遣して山海二道の賊を伐とうとしている旨を、言上してきたのに対し、「出羽国に勅し、軍士四千人を発して、道を雄勝より して其の西辺を伐たしむ」という記述がある。三年間約一〇〇〇の鎮兵の援助を必要として求めている国に四〇〇〇人を出兵しろというのは、わかりかねる策ではあるが、それだけ緊迫していたのであろう。古代陸奥で山道といっているのは奥羽山脈添いの内陸部、現在は東北縦貫の高速自動車道の通っている方面である。海道とは桃生・牡鹿・登米・本吉寄りの方面である。いずれにしろ今の宮城県北部から岩手県境の方向を視野におく作戦である。

出羽国の雄勝から陸奥に出て軍が合流するには現在秋田県秋宮から鬼首《おにこうべ》峠をへて宮城県鬼首盆地にでる道が一番先に考えられるが、もう一つ北を考えれば秋田県小安峡《おやすきょう》のあたりから宮城県花山《はなやま》村に出る道がある。別個に部隊行動をするなら岩手県須川《すかわ》温泉の方すなわち磐井《いわい》川流域にでる道も考えられる。さらに北の胆沢《いさわ》川上流にでる経路も考えることができる。おそらく南から北に進む陸奥軍と、西から東に進む出羽軍とが「胆沢賊《いさわのぞく》」を討つということであろう。

雄勝から西辺を衝《つ》くのは胆沢地方と雄勝地方とが地理的にほぼ同緯度上に位置するからではあるが、そこに「雄勝城」という東北の城柵として桃生城とならぶ拠点があるからでもある。この城の成立は天平五年（七三三）の雄勝郡衙の設置にはじまる。その段階の遺址にかかわるものがあるかということになると、西馬音内《にしもない》扇状地にある元木《もとき》の地名が「元柵《もとき》」に発するのではないかという程度のことになるが、天平宝字年間になると雄勝城関係のことは一挙に展開する。藤原恵美朝猟《えみのあさかり》が、陸奥守・陸奥（出羽）按察使・鎮守将軍として桃生城・雄勝城の建設に積極的に取り組んだからである。『続日本紀』の関係記事で、直接築城にかかわる箇条は、天平宝字二年十二月八日条の、

坂東の騎兵、鎮兵、役夫及び夷俘等を徴発して桃生城・小勝柵を造り、五道倶《とも》に入りて並びに功役に就く。

が初めてで、翌三年九月二十六日条には勅文があり、

陸奥国桃生城・出羽国雄勝城を造り、役せらる郡司・軍毅《ぐんき》・鎮兵・馬子、合して八千一百八十人、去んぬる春月より秋季に至り、既に郷土を離れ、産業を顧《かえり》みざるなり。朕毎《ちんこと》に玆を念い、情深く矜憫《きょうびん》す。宜しく今年負える人身の挙税を免《ゆる》すべし。

という処置がとられた。そして此の日出羽国に雄勝・平鹿《ひらか》二郡が置かれ、玉野《たまの》・避翼《さるはね》・平戈《ひらほこ》・横河《よこかわ》・雄勝・助河《すけかわ》の六駅が設けられ、同時に陸奥国でも嶺基《みねもと》駅が設けられた。翌日相模・上総・下総・常

陸・上野・武蔵・下野七国の送るところの軍士・器仗を雄勝・桃生二城に分配し留め貯えることが行われた。そして天平宝字四年（七六〇）正月に、朝猟が二城を平穏裡に造ったことを褒め、彼の部下の陸奥介兼鎮守副将軍百済足人《くだらのたるひと》・軍監葛井立足《ふじいたてたり》・軍曹韓袁哲《からのえんてつ》らとともに、出羽守小野竹良《たから》・介百済三忠《さんちゅう》らがそれぞれ位を進められた。天平宝字三年に城は完成したことになる。

それ以来陸奥に四〇〇〇人を派兵する基地になった宝亀七年まで、雄勝城は、一六年を送り迎えたことになる。出羽には現在の山形県分もあり、兵は南北から集まる。北の秋田側と南の山形側をまとめて部隊編成をするのに、秋田の南辺の雄勝は地の利をえている。また、一五年前山北《せんぼく》すなわち両県境をなす東は神室山《かむろやま》から西は丁岳《ひのとだけ》までの山脈以北の山北《せんぼく》平地（横手盆地）は建郡から二七年にして雄勝の北部を平鹿郡として分置できるまでに充実してきていたのである。しかも六つの駅は南から現在の尾花沢《おばなざわ》市（玉野）―舟形《ふながた》町（避翼）―金山《かなやま》町（平戈）―雄勝町（横河）―羽後町（雄勝）―増田町（助河）ということになり、雄勝・平鹿二郡衙に対応する駅がこの際の到達点であったから、駅路は山形県側と秋田県南部の兵の動員連絡に役立った。より北に現在その遺跡が国の指定史跡になっている「払田柵《ほったのさく》」と呼ばれる城柵官衙があった。これは、柵木の年輪年代測定によってもこの段階には関係がなく、田村麻呂時代に出羽権守文室綿麻呂などの手によって造営されたものと認められる。

出羽軍敗退　宝亀七年（七七六）二月に雄勝から四〇〇〇人の援兵を送ったこの戦で、結果は思わしくなかったことが『続日本紀』の五月二日条に見える。それは、出羽国志波《しわ》村の賊叛逆《はんぎゃく》し、国と相戦い、官軍利あらず、下総・下野・常陸等の国の騎兵を発して伐つ。

となっている。志波は志波城が後年造営される陸奥国の奥地なのであるから出羽国ではない。三ヵ月前の出兵のことから考えても、これは「出羽国言す、志波村の賊叛逆し云々」とあるべき原文の「出羽国言」の「言」が脱して伝わったのか、あるいは「出羽国、志波村の賊叛逆せるに、（陸奥）国と与《とも》に相戦い」と読むのが実態に合うものと認められる。もともと国府移転計画に他国の応援を求めているような出羽から四〇〇〇もの出兵を命じた国の政策には一貫性がない。しかしいくら無策であったにしろ、この現状を見れば出羽においても対志波勢力対策が必要になってくる。即効性のあるのはここに見えるように坂東騎兵を動員して志波村の賊を伐つことであるが、基本的な態勢としては出羽国自体が志波の圧力に対応できる恒久的対策をとることである。

雄勝から進軍到達する陸奥国は前項で見たように今の宮城県北部から岩手県では磐井《いわい》・胆沢郡地方までの地域に当たる。ところが志波ということになると、出羽ではまだ山本《やまもと》郡が建置されていなかった段階では、平鹿郡の北部か、その北方が接する地域にあたる。

後年本書の主人公田村麻呂将軍が志波城を築いたのは盛岡市の太田《おおた》方八丁《ほうはっちょう》の地である。一〇年もたたないうちに徳丹《とくたん》城に後退するけれどもそこも盛岡南郊の地である。そして斯波城とも書かれるが、現在の紫波郡や紫波町の名に見られるように紫波とも書かれる。そして紫波村という地域の真西は出羽では先にふれた払田柵跡のある仙北郡《せんぼく》（寛文まで山本郡）の北部に当たるのみならず、後世は紫波郡の西に陸奥国の岩手・和賀《わが》両郡が介在している。南は稗貫郡《ひえぬき》である。払田柵所在地はむしろこの稗貫から和賀をへて奥羽山脈を越えることになる。事実払田柵跡からは、和賀との間にある真昼岳《まひる》（一〇六〇メートル）が真東に見え、植物の原生性をとどめている山塊のなかには伝統的な峠道が通じている。また盛岡から雫石《しずくいし》をへて田沢湖町生保内《おぼない》にでる国見《くにみ》峠の路程でも大回りではあるが角館町《かくのだてまち》・中仙町《なかせんまち》と玉川沿いに南下すれば仙北町高梨《たかなし》の払田柵所在地に自然に通ずる。要するに古代の志波村といわれたところから奥羽山脈を越えて出羽に接するところは、雄勝郡ではなく平鹿郡北部かその北方ということになる。そして払田柵という城柵官衙の遺跡はその地にある。

志波村の賊に敗れて退いたとすれば、出羽軍は和賀経由で平鹿に戻ったか、直線的に西しその北に戻ったかということになる。軍略上このあたりに雄勝城には前衛で秋田城に後衛である拠点を置こうとするのは、軍令・軍政の常道である。払田柵のこの地に置かれる前段階は、正しく宝亀七年の出羽軍の志波勢力に対する敗退が、遠因の重要なものであることはまちがいないと考えられる。そしてこのあたりは、この宝亀時代のこととして「河辺《かわのべ》は治め易し」と表現されていた場所でもある。現在河辺の文字でこの地域を表現することは行われていないが、今でも隣接の大曲《おおまがり》市や仙北町には「川目《かわめ》」という地名が存在している。このうち仙北町のそれについては鞠子《まりこ》川（下流丸子《まるこ》川、古名荒《あら》川）の北川目・南川目について、昭和五年に後藤宙《ちゅうがい》外が古代河辺との関係を指摘していたところである。著者は近年まで寡聞にして知らなかったが、偶然に大曲市のバス停に川目の地名のあることを知って、余戸が余目になる音の転化で、河辺が川目になったのであろうという想起をしたのであった。船木義勝氏によると近世初めの寺社縁起には「河野辺ノ里」「弗田城《ほったじょうこう》香の森《もり》」とあることも宙外は明らかにしていたという。河辺は川目に転じて現存し、香の森といわれた丘も国府の森の名を伝えていたものだとすれば、田村麻呂将軍時代延暦の末年に「河辺府」と呼ばれたところに国府機構が移されることになった前提の状況や条件に、宝亀に樹立された軍事的な方策が存在したであろうと考えることはきわめて妥当性が高くなる。事実発掘調査の結果では、延暦二十年段階築営の払田柵は行政庁性の顕著な城柵である。その遺跡の丘は現在まで「長森」と呼ばれ森の称を伝えている。

出羽軍不利の戦の条文から二ヵ月後七月七日に参議正四位上陸奥按察使兼鎮守将軍勲三等大伴宿禰駿河麻呂が卒去し従三位を贈られたことが『続日本紀』に見える。やはり老将には過酷な任務だったのである。四年間在任することはできなかったわけである。九月十三日陸奥国から俘囚三九五人が九州諸国に分配されたのは戦の結果であろう。十一月二十六日には陸奥軍三〇〇〇人を発し胆沢の賊を伐つということがあり、その三日後出羽国からも俘囚三五八人が九州諸国と讃岐《さぬき》国に分配され、七八人は諸司および参議以上に班賜され賤とされた。翌八年三月にはこの月陸奥の夷俘の来降する者が道に相望む状況であったと記される。五月二十五日には応援の兵士用なのか相模・武蔵・下総・下野・越後から甲《かぶと》二〇〇領を出羽国の鎮戍に送られ、二日後陸奥守紀広純《きのひろずみ》が按察使兼任となった。

ところで四月に陸奥国では国をあげて軍を発し山海両道を討って国中忩劇《そうげき》という状況だという九月十五日の同国言上がある。『続日本紀』宝亀八年十二月十四日条には鎮守将軍紀広純からの言上がある。そこでは初め志波村の賊が蟻結《ぎけつ》し毒を肆《ほしいまま》にし出羽国軍がこれと戦って敗退したので、ここで佐伯久良麻呂《くらまろ》を鎮守権副将軍に任じ出羽国を鎮めさせたというのである。出羽国で陸奥国志波村と対応する地域がいかに不安定な状況であったのかがわかる。前年末に陸奥国諸郡の百姓で奥郡をまもる者が復三年を賜うとか、この八年九月陸奥で租庸調を免じたとかがあったが、出羽にはおよんでいなかった。同じく宝亀八年十二月二十六日条に「出羽国（言す）、蝦賊叛逆し、官軍利あらず。器仗《きじょう》を損失す」とある。前年のことを重ねて言ったのではなく今年あったことの報告であろう。

それでも専当副将軍は努力したようである。やっと安定策が奏効したらしく『続日本紀』によれば明けて宝亀九年六月二十五日に論功行賞があった。すなわち奥羽両国司以下二二六七人に爵が与えられたりした。ここで注目されるのは、按察使広純・鎮守権将軍久良麻呂につづいてそのなかには「外正六位上吉弥侯伊佐西古《きみこのいさしこ》・第二等伊治公呰麻呂《これはるのきみあざまろ》並びに外従五位下」と記される人々がいて、第二次抵抗の動きの生じているなかで二人の夷俘・俘囚の豪族がなお征夷に協力していることである。しかも百済王《くだらのこにきし》俊哲《しゅんてつ》よりも前の序列において記録されているのである。

伊治呰麻呂の乱　第二等という蝦夷や夷俘の与えられる爵等《しゃくとう》から、「外正六位上」という外位ではあっても一般豪族地方有位者の位階を受けた伊治公呰麻呂がはなはだ重大な動乱を起こすのである。

伊治城を造るのに道嶋三山が抜群の動きをしたことはすでにのべたが、この伊治城を本拠とする伊治公呰麻呂は伊治郡大領であったことも先にふれた。按察使広純の東北行政での軍略は、この伊治城を拠点に覚鱉《かくべつ》城を設け胆沢勢力を防ごうというものである。宝亀十一年（七八〇）二月一日参議に列した広純は翌日陸奥守として「船路を取って遺賊を伐撥《うちのぞ》かんと欲す。比年《としごろ》甚だ寒く、其の河已《すで》に凍り、船を通じ得ず。今賊来り犯し已《や》まず。故に先ず其の寇道を塞《ふさ》ぐべく、仍《すなわち》須《すべか》らく軍士三千人を差発し、三四月雪消え、雨水汎溢《はんいつ》の時を取って、直に賊地に進めん。因って覚鱉城を造るべし」（『続日本紀』）と言上するのである。

二月十一日に陸奥国はまた言上する「去る正月二十六日、賊長岡に入りて百姓の家を焼く。官軍追討し彼此《ひし》相殺せり。若し今早く攻伐せずんば、恐らくは来犯止まざらん。請うらくは三月中旬兵を発し、賊を討ち、并びに覚鱉城を造り、兵を置き、戍《じゅ》を鎮めん」（『続日本紀』）というのである。それに対する勅は、「狼子《ろうし》は野心があり恩義を顧みず険阻《けんそ》を恃《たの》んでしばしば辺境を犯すという相手だから、兵は凶器であるけれどもやむをえない。よろしく三〇〇〇の兵を発し、余燼を滅ぼせ。軍機の動静は便宜をもって事に随うようにせよ」というものであった。

『続日本紀』同十一年三月二十二日条に第二次抵抗の典型的大事件のことが記される。それによれば、広純は覚鱉柵（城）を建てようとの計画により、伊治城に入った。胆沢賊といわれる相手に対する戍候《じゅこう》すなわち前哨《ぜんしょう》基地《きち》を伊治よりも遠くに設けるためであった。彼は大納言兼中務卿正三位麻呂の孫で左衛士督従四位下宇美《うみ》の子である。宝亀年中に陸奥守となりついで按察使になった。職務については幹済《かんさい》をたたえられた。

河内守で宝亀五年（七七四）七月二十三日鎮守副将軍になった彼であるが、その河内国守への就任はこの年の三月五日で、しかも新羅の使者二三五人に対応するために、大外記《だいげき》内蔵全成《くらのまたなり》とともに大宰府に赴いているさいに任命されたのであった。新羅の呪咀《じゅそ》に対して、大宰府で四天王像四躯を造立して、浄行僧四人により最勝王経四天王護国品を読み神呪を誦す、という緊迫状況下で対新外交の最前線の仕事を処理した彼が、その直後に渤海が第一回使節以来自前の航海の場合には必ずやってくる東北の地で、要務についたわけである。数年後に渤海および鉄利三五九人が慕化《ぼか》入朝して出羽にきたとき、来使軽微なので賓《ひん》とするにたらないとしながら、年内の滞在を許し、禄を与え、その上駕来した船が損壊したので、船九隻を賜って本国に帰すという厚遇をした。東北行政の頂点にいた広純は、中央に在任し、険悪な状況下でも新羅使に、ましてや友好関係下の唐客に、当時の日本外交が示した篤実の対応のありかたを、ここでも実行したのであろう。そして数年後伊（此）治郡大領外従五位下伊治公呰麻呂が反乱を起こし徒衆を率いて広純を殺した。呰麻呂はもと夷俘の種族で、ある事情で初めから広純を嫌っていた。しかし怨をかくして表面は媚《こ》び仕える振りをした。広純ははなはだ信用して特別意に介さなかった。また牡鹿郡大領道嶋大楯はつねに呰麻呂を凌侮《りょうぶ》し「お汝《まえ》は夷俘だ」という遇し方をしたので、呰麻呂は深く恨を含んでいた。

広純が俘軍を率いて伊治城に入ったとき大楯と呰麻呂はともに従ったが、ここで呰麻呂は自分から内応して俘軍を誘い反乱を起こし、まず大楯を殺してから衆を率いて按察使広純を囲み、攻めて殺害した。ただ陸奥介大伴真綱《まつな》を呼び囲の一角を開き外にだし多賀城まで護送した。多賀城は長年国司が管理してきた兵器粮秼が計《かぞ》えられないほど蓄えられていた。城下の百姓は先を争って城に入り城のなかを守ろうとしたが、介の真綱と掾《じょう》の石川浄足《きよたり》がひそかに城の後門から脱出逃走したので、民衆は頼みの拠りどころがなくなり一時に散り去った。数日後賊徒がやってきて先を争い国府公庫の物を取って、重要なものをことごとく持ち去り、その残るところは火を放って焼いてしまったのである。

すでに伊治が「これはる」であることはのべたが、そこの豪族呰麻呂が夷俘であることはその通りであろう。しかも大楯がそれを卑下するのは、同じ東北豪族でしかも同じように令制地方制度上の中間管理者というか下級管理者というかの立場にある人間としては、問題のあるところである。というのはただ大楯の一族が一段南に住んでおり、中央にでている同族が顕官であり、一族の在地の先輩が伊治城築営の中心国司であり、自分も一歩先んじていわば中央化しているだけの差なのに、まだ夷俘性を持っている呰麻呂になにか自身の旧《ふる》い姿の残骸を見るのを忌み嫌ったのか、これと一線を画すべく軽侮したということは、中央勢力という虎の威をかりたなにかのようで、大楯も哀れであるが、蔑《さげす》まれた呰麻呂としては相手を哀れむような余裕などなかったであろう。ことに外来の支配的上司の立場にあるものから侮られたのであれば諦めもつこうが、本来同じ立場にあるべき者同士の間で自分を侮る相手を許すことはできなかったのである。

そしてそれは呰麻呂だけの心情ではなく、俘と呼ばれる人々すべてに通ずるところであった。それにもかかわらず広純は「俘軍を率いて」伊治城に入ったのである。しかも広純は呰麻呂が自分に対する怨みをかくしていたのを気づかなかったのか、意に介せず信じ用いていたわけである。あるいは案外、同じ畿内出身地方官の間であればすぐ忘れ去られるような内容とか種類のことであったのかもしれない。少なくとも俘に対する広純の警戒が緩いものであったという史文である。だがこれは『続日本紀』編纂者の立場の表現で、実際は警戒心はあったものの、俘軍以外役に立つ兵力が彼の麾下《きか》にはなかったため、どうしても呰麻呂や俘軍に頼るほか術がなかったものと考えることもできる。いずれにしろ俘軍たちはすぐに呰麻呂の唱誘にしたがって行動を起こしたのである。

そしてまず最初に大楯を血祭りにあげたのである。大楯のような人々の受けていた憎しみの強さがわかる。それにしても最高官按察使広純が殺されたということは、按察使上毛野広人《かみつけぬのひろひと》が反乱蝦夷に殺された養老四年以来六〇年ぶりの大変事である。しかも殺したのは地方官郡領だったので、養老の「蝦夷」といわれる人々とはまったくちがう立場の者の乱であることになる。二年も遡らない時期に征夷の功で吉弥侯伊佐西古とともに外従五位下を得たばかりの郡領呰麻呂の乱である。政府の受けた衝撃の大きさは察するにあまりある。さらに今回は多賀城まで攻略され焼討されたのであるから、政府にとっては未曾有《みぞう》の強烈な危機感に襲われることであったにちがいない。政府は藤原南家武智麻呂《むちまろ》の孫、中納言従三位継縄《つぐなわ》を征東大使に任じ、大伴益立《ますたて》と紀古佐美《こさみ》を副使とし、判官と主典各四人を配した。三月二十八日のことである。翌日あの逃出した大伴真綱を陸奥鎮守副将軍に、また安倍家麻呂を出羽鎮狄将軍に任じた。

俘のこころ　陸奥に征東大使を出羽に鎮狄将軍を併派されたのは、養老に征夷将軍と鎮狄将軍が派遣され、神亀元年に征夷大使と鎮狄将軍とが併び派遣されたとき以来である。蝦夷の第一次抵抗期から半世紀以上たって同じような形で両将軍を派遣して、第二次抵抗期のいわゆる征夷体制が現出したのである。しかし時勢と事態は変化していた。第一次抵抗の段階はひたすら自分の領域を守るために、進入勢力に対して現地側の蝦夷・蝦狄と呼ばれる人々が、必死がむしゃらに戦ったにすぎない。総合力において一度進出勢力に押し切られた直後に、もう一度態勢を整えるような粘り腰はなかった。ところが今は違っていた。

まず第一には有形の部面で戦力が格段に強化されていた。蝦夷時代以来の本具《ほんぐ》的《てき》な強さに加えて、新式の戦技・戦術も身につけた俘軍の兵士であり、さらに呰麻呂や伊佐西古のような立場に立てば多賀城占領のように戦略的な能力さえ身に着けていた。しかもその戦力をきっちりと支えていたのは米作農業も習得した、充実した経済社会であった。

第二には無形の部面である。それは先にも言及したが、独立の回復とか独自性の確立とかともいえる、主体性の挽回というはっきりした理念である。失ったものが、いかに大きいものであったかを彼らはしだいに理解してくる。それは、儒学というか律令学というか政治法律関係の学問思想にもおよぶ。自ら接し学ぶことができる機会を持った夷出身の豪族たちは、現実生活のなかで体験的にも認識を深めた、一般の俘といわれる人や俘軍兵士の集団の希求を、十分に指導し統率することができたと考えられる。

もう一つ考え併せることができる。律令的な支配被支配の上下論理は、それを知った夷を基盤とする人々にとって、制度のありかたに対する反感や反発や、打破の手続きを組み立てる前提にすることができ、方法論を導くことはできる。けれどもよくいわれる、指導者がカリスマ性を身に着けた立場にまでは高めがたいかもしれない。ところがもう一つの要素が加わることによって、高めることができる。それは第一次抵抗の段階まで彼らが持っていた蝦夷社会の自由意識とか、自然崇拝系統の信仰心情とは異なる要素なのである。すなわち陸奥出羽の元の夷地域にまで受容され浸透してきた仏教の衆生平等の信仰思想である。

もちろん国家仏教といわれていたような南都六宗の理念が、天皇制統治と矛盾するというようなことにはならないであろうし、現実に夷俘・俘囚などの人々が直接天皇制打倒などを考えたとも行動したとも認めるべき史料はない。だが奥羽の現地で柵戸のような進出民や鎮兵などの出動兵との間に日常的に存する自分への差別扱いについては、仏の前の平等という崇高な原理に支えられた自己主張を強力にすることになる。畿内や坂東からきた人間も東北に代々住んでいた自分も平等なのだという、尊厳性のある正当な理念のもとに純粋にささえなって、行動できたにちがいないのである。当然統率しているいわゆる族長たちはそれを凝集したような神秘的指導性を発揮したであろう。だからこそ呰麻呂の呼びかけに俘軍はなんの躊躇もなく指揮に従い多賀城まで攻め込むことができたのである。

出羽の形勢　一方出羽に派遣された安倍家麻呂については、『続日本紀』宝亀十一年八月二十三日条に記されるが、そこでは狄の志良須《しらす》と俘囚の宇奈古《うなこ》が疑い案じて「われわれは官威に憑《よ》って久しく城下に住んでいる。今この秋田城は遂に永く棄てられるということを聞いたが本当か」と尋《たず》ねてきた、家麻呂は秋田城を棄てるようなことをせずに「番をつくって今まで通り保持すべきである」と上申した。多賀城が陥ちたことを聞いて、同じ立場にあり、外交上の意味も考えられる水洗厠舎から胞衣壺《えなつぼ》や和同開珎銀銭なども出土している秋田城も、放棄されるのではないかという風聞なり懐疑なりがあったのも不思議ではなく、城に依拠していた夷俘と俘囚が不安になったのも当然である。

背景には先年来の秋田城からの国府移遷のことと出羽国軍の志波勢力に敗れたことがあるわけであるから、住民に疑心暗鬼《ぎしんあんき》の生ずるのは避けるべくもないことである。彼の建白を受けた太政官からは指示の「報」が下された。すなわち「秋田城は前代の諸将が相談して建てたものであり、長年防御の役目をはたし、民生を保つ行政上の役割も達成して来た。簡単に廃止する愚はできない。兵士を配置して守り、人々が不安を感じないようにし、城の司令官には国司か鎮狄使かの一人を充《あ》てよ。由理柵《ゆりのき》も、賊の攻撃に対して秋田城を保つ要衝であるから、兵を派遣して防禦するようにせよ」というものであった。このたびの家麻呂鎮狄は成功であったといえるが、この報を下されたことが記されるよりも三ヵ月前に「早くから丹心を表していたといわれる北方渡嶋の朝貢狄俘が、方今《ほうこん》反逆して辺郡の民を侵擾しているので、将軍と国司は饗を賜い慰喩《いゆ》せよ」という勅がでていた。域内だけのことではなく「北方の朝貢狄俘」と表現される出羽国外のこととの関連もあっての「報」にちがいない。

この年の七月には十五日に「安穏の時にも危機のことを忘れず、縁海諸国は警固に勤めよ」との勅がでていた。対象は山陽・山陰の諸国であった。ところが同月二十六日には六項目にわたる軍事についての勅命が発せられて大宰府とともに北陸についても特命の指示がでている。

それには、「現今北陸道も大宰府管区のように外国の客に対応しているが、そこに置かれる軍兵はいまだかって軍事の教習をしておらず、有事のさいに徴発してもまったく用いるのにたえる能力がない。平時であっても危急の時を思うべきで、こんな状況であってはならない。大宰管区に準じて警衛を厳にせよ。必ず縁海の村々で賊が来過するのを見たらすみやかに使を遣して国に報告せよ。国で賊船であることを認めたら、長官以下急いで対策を協議し、管内の警備をするとともに、朝廷にも同時に奏上せよ」としている。北陸の北にもとは北陸だった出羽が連っているわけである。そこは渡嶋《わたりしま》に近く、さらに北の外国も来航することは、現実に渤海船がきていることであきらかである。そういう見地からすれば渤海使受け入れの秋田城とその地域はきわめて重要な警備地帯とならざるをえない。そこを放棄することなど対外的にも決してできないことであった。

そういう視点からすると、由理柵というものが重視されることもよくわかる。出羽建国後まもなく一挙大北進した秋田出羽柵《いではのき》を保ちえたのは、庄内の後方基地からの連絡路たる由理地方が安定していたからである。その中核が由理柵である。由理は後世由利郡になるところで、古代では飽海郡の北部と河辺郡の南部であった地域にあたる。古代東北史について考察を加えた初期のころは、秋田出羽柵北進と同時に横手盆地に雄勝郡を建置したことと考え併せて、ここで由理柵重視策は、陸奥側から浸透してくる胆沢勢力・志波勢力の刺激にも影響されて東側内陸からの侵攻や圧迫に対して由理柵が要《よう》衝《しょう》であったことによるものとして注目してきた。それは決して誤りではない。だが、この海浜に面しているという地勢上の特性は、外敵に対することであるから、東側に対する以上に国家的視野から重要になる観点であったと考え識《し》ることになったのである。

もう一つは太政官報の指示した秋田城司のことについても家麻呂将軍の段階にきわめて顕著な策がたてられた。制度上の要事であるといえる。報は、「国司」か「鎮狄使」かのなかから専当官を城司とせよとのことであった。家麻呂将軍は恒常の官である国司のなかからそれを選んだ。出羽介《いではのすけ》すなわち国司次官を城司としたのである。これは達見であった。「秋田《あきた》城《じょうの》介《すけ》」と呼ばれて武家時代まで尊重された官職である。平安時代城《じょう》氏が深くかかわっていたことも、鎌倉時代に安達氏が秋田城介であったことも、建武に葉室光顕《はむろみつあき》が秋田城務であったことも、南北朝に葉室光久《みつひさ》が秋田城介であったことも政府や幕府の秋田城重視を示している。在地的にも戦国時代に安東《あんどう》氏が秋田城介を名乗ったことも、織田信長の子さえこの名を武門の誉として称したことも、家麻呂段階の措置の妥当性を物語っている。

鎮狄将軍の職務は達成されたが、中納言を任命した征東大使はまったく成果をあげられず、半年ほどで九月二十三日に従四位上から正四位下に上げられた藤原小黒麻呂《おぐろまろ》を持節征東大使に任じ替えることになった。

四　延暦の邂逅

1　征夷進まず

平定ならず　宝亀十一年三月の多賀城陥落の後に、征東使の陣容を整えた政府は、前章末で見たように五月十一日に出羽国司と鎮狄使《ちんてきし》に渡嶋など北方の「逆を作《な》す俘」に賜饗《しきょう》などで慰喩《いゆ》せよと指令した直後の十四日に、坂東諸国と越後・越中・能登に命じて「糒《ほしいい》三万斛《こく》」の準備を命じた。その二日後の五月十六日の勅は『続日本紀』によると、「狂賊が常を乱《みだ》り辺境を侵し、烽候守《ほうこうまもり》を失っているので征東使と鎮狄将軍を派遣征討し、将帥《しょうすい》も力をつくして諸道から進む衆を会し、文武の謀を尽し奸軌《かんき》を苅《か》り平らげ、元凶《げんきょう》を誅戮《ちゅうりく》するため、広く進士《しんじ》を募って戦場に向わせよ。発奮して忠勇を発揮した者は、平定の後に擢《ぬき》んでて栄誉を与える」と、意気軒昂の宣言をしたのであるが、翌六月末には陸奥持節副将軍大伴益立《ますたて》に勅し、将軍らは去んぬる五月八日の奏書に云わく、且つは兵粮は備え、且つは賊機を伺い、方《まさ》に今月下旬を以て進みて国府に入り、然る後機を候《うかが》い、変に乗じて、恭《つつし》んで天誅を行わんてえり。既に二月を経たり。日を計り、程に准じて佇《たたず》みて俘を献ずるを待つ。其れ軍を出だし賊を討つは、国の大事なり。進退動静、続けて合《まさ》に奏聞《そうもん》すべきに、何ぞ数旬を経たるに絶えて消息無きや。宜しく委曲《いきょく》を申すべし。如《も》し書にて意を尽さずんば、軍監已下の弁《べん》に堪《た》うる者一人を差《つかわ》して、駅を馳せて申し上げたてまつれ。

と叱責されるのである。意図するところと結果との食い違いははなはだしい。それにしても叱られるのは大伴氏の副将軍で藤原継縄《つぐなわ》ではなかったのである。

七月二十一日征東使から甲一〇〇〇領の請求があると、尾張・参河など五国に運輸させた。明くる日襖《ふすま》四〇〇〇領を東海・東山道から輸送させた。このさいの勅には「逆虜を討つため坂東軍を九月五日限りで多賀城に赴き集まらせる。そのため下総から六千斛、常陸から一万斛の軍粮を八月二十日までに運ばせる」とあった。その難局のなかで遥任だったらしい南家の継縄から北家房前の孫従四位上藤原小黒麻呂を正四位下に上げて、九月二十三日持節征東大使に任じた。だが戦局が好転した様子はまったくない。

まず十月二十九日の征東使への勅には「二十二日奏状により、作戦の時を失ってしまっていることを知った。出征して時間がたった。歩騎数万余も集めた。賊地に入るという上奏も何度もあって、計画としてはすでに進出し狂賊を平殄《へいてん》したはずなのに、今度の奏では、今年は征討すべきでないといっている。夏は草が茂繁しているから駄目、冬は襖《ふすま》が乏しいから駄目と巧な言を縦横にして稽留《けいりゅう》している。兵を整え糧秣《りょうまつ》を備えるのは将軍の所為なのに、準備もしない。これでは何月何日に賊を誅し城を回復するのかわからない。将軍は現在賊に欺かれて緩怠してこの逗留《とうりゅう》をしている。まだ建子《しもつき》にもならないのに兵の行使もせず、勅旨に乖《そむ》いてまでもなお進入していない。人馬悉く疲れたらどうして敵に対するのか、良将の策がこんなものなのか。今月賊地に入らぬということなら、多賀・玉作（造）などの城で防禦をし、かねて戦術を練るようにせよ」とあった。

益立を先頭にした現地軍首脳は簡単に攻め立てられもせず討滅することなど不可能だと知っていた。だから言を左右にしたのであろうが、政府は建前論で叱責するが、やはり内心では多賀・玉造などの城柵に駐屯するぐらいが現実的であることは理解していたわけである。多賀城を駐屯地に位置づけているので「回復」を求めている「城」とは伊治《これはる》城なのであろう。当然当面の討滅対象たる伊治呰麻呂《これはるのあざまろ》は健在であったと考えられる。数万人の歩騎兵団が征旅にでたとしても、それを一括動員して第一線に投入することなどは不可能なことであった。なぜなら小人数で間隙を縫って攻める神出鬼没のゲリラ戦法をとる夷俘軍に対し、大部隊が攻撃正面を構築するようなことはできなかったからである。

実際に、征東使が、十二月十日に出した奏言では、鷲座《わしくら》・楯座《たてくら》・石沢《いわさわ》・大菅屋《おおすがや》・柳沢など賊に通ずる道を木を斬って塞いだり溝を深くして阻んだりするために、二〇〇〇の兵を実戦に使うぐらいが限度だったのである。さらに出羽側でも大野東人の段階で問題になったあの大室塞《おおむろ》なども、賊への要害として防禦する必要があるとの勅がだされているように、一点に集中作戦などできる情況ではなかった。百済俊哲が鎮守副将軍という立場にありながら「賊のために囲まれ、兵も疲れ矢も尽きた時、桃生・白河などの郡の神十一社に祈って神力で囲を潰すことができた。幣社（国家が奉幣する神社）に預らんことを奏請する」と言上して許されている。大官軍の副将軍がその大兵力を擁しているはずなのに、賊に囲まれると神頼みしかできないという状態のままで、伊勢斎宮に大瑞の美雲が現われたということで宝亀から天応と改元されるのである。

一以て千に当たる　その改元の詔のなかで「また、如《も》し百姓、呰麻呂等の為に詿誤《かいご》せられしものも、能《よ》く賊を棄てて来たる者有らば、復三年を給え」とまで呼びかけられるのである。応じた者がどれだけいたかはまったくわからない。三ヵ月余りで光仁天皇は皇太子に譲位される。新しい桓武天皇の世となる。その譲位について「東北辺境における伊治呰麻呂の反乱でひどい打撃をうけた。……、老天皇は、ぐらつくおのれを励まして内治と征討の両面の指導にあたっていたが、気力つきはてて、反乱後一年にして病いを理由に位を皇太子にゆずった」（北山茂夫『平安京』中央公論社日本の歴史4）という高名な史学者の解釈は、あるいはそうなのかもしれないと思わせるほどである。もちろん最大の理由は七十三歳という年齢であろう。だがこうした解釈が生まれるほど、征夷のことは国家最大の悩みであった。

まもなく参議征東大使の小黒麻呂は按察使をかねる。右衛士督・常陸守もかねたままで、五月には兵部卿にもなる。こういう顕官が形式的にかねて権威をひけらかしても成果は期待できない。五月二十四日に大使小黒麻呂のだした奏状が『続日本紀』天応元年六月一日条の勅に引かれる。それには、

> 彼の夷俘の性たるや、蜂のごとくに屯《たむろ》し、蟻のごとくに聚《あつ》まり、首として乱階を為す。攻むるときは則ち山藪に奔り逃れ、放《ゆる》すときは則ち城塞を侵し掠《かす》む。而して伊佐西古《いさしこ》・諸絞《もろしめ》・八十嶋《やそしま》・乙代《おとしろ》等は、賊中の首にして、一以て千に当たる。迹《あと》を山野に竄《かく》して機を窺《うかが》い隙《すき》を伺えども、我が軍威を畏れて、未だ敢て毒を縦《ほしいまま》にせず。

と結論づけられていた。しかしこれは嘘言である。その『続日本紀』天応元年六月一日条の勅は、この奏を受けて、その点を追究し、

> 今将軍等、未だ一級も斬らず、先に軍士を解き、事已《すで》に行《おこな》い訖《おわ》りぬ。かくの如きこと何《いず》こにも無からん。但、先後の奏状を見るに、賊衆四千余人なるに、其の斬りし所の首級は僅かに七十余人なり。則ち遺衆猶《なお》多し。何ぞ須《すべから》く先に凱旋《がいせん》を献じて、早くも京に向うを請うべけんや。縦《たと》い旧例ありとも、朕《ちん》は取らざるなり。

と譴責した。「先例があっても朕は取らない」とは実に厳しい。大動員している朝廷ではこの戦果では納得できなかったのは当然である。

だが考えてみると、伊佐西古は宝亀九年六月に征戦有功者として按察使紀広純以下の論功行賞があ

ったさい、伊治呰麻呂とともに従五位下の外位を授けられた人物である。しかもその時すでに外正六位上を受けていたから伊治公氏よりも早くからこの吉弥侯《きみこ》氏は中央機構に近く結びついている存在であることがわかる。諸絞《もろしめ》・八十嶋《やそしま》・乙代《おとしろ》の経歴については明確でないが、第二次抵抗の旗手たる夷俘族長である彼らが同じ基盤に立っていることは自明であろう。だが彼らは政府の掌握しているところでも四〇〇〇人もの勢力を結集しているのである。その上山野の地形地物を利用する本来の彼らの戦法のみならず、いわゆる官軍の戦法も、熟知している戦士たちである。

それにしても七〇級の首をあげたことに加え、大使の奏状のように「迹《あと》を山野に竄《かく》し」「我が軍威を畏《おそ》れ」という状態に押し込んだのだとすれば、それはそれなりに戦果にちがいない。どうも従来は、何万だの十万だのという大軍を動員した征夷は、当然結果として何万も何千もの蝦夷勢力を殺害制圧しなければならないはずだと考えてきたきらいがある。だが初めから四〇〇〇しかいないのに、どうして何万もの相手を殺すことなどが期待できるのだろうか。それに相手は征夷軍のように大部隊の統制を受けていたり、中隊とか小隊とかという本来正規のまとまりある部隊で行動したりすることも、一般的様式ではなかった。そうである以上かりに一ヵ所で全員を殺してもその人数は知れたものとなる。

しかも攻めればすなわち山藪に奔逃するという習性であることは、これまで繰り返し入念に確認してきたところである。一ヵ所で三人か四人しか殺されないものだとしたら、七〇級をあげるためには二〇回近くも戦闘して優勢に立つ必要がある。当然戦う以上双方に損害はでることになる。征夷軍当局の報告では自分の方の死傷などまったく上奏していないが、戦闘をしてそんなことはありえない。だが被害も報告しない征夷使に対し、しかも「旧例あっても朕は取らない」と叱りながらも、七月十日には小黒麻呂は民部卿になり、八月下旬には「陸奥按察使正四位下藤原朝臣小黒麻呂、征伐の事畢《おわ》って入朝す。特に正三位に叙す」という、叱責したことなどまったく忘れたような処遇が打ち出されてしまうのである。

つづいて一ヵ月近くたつと、副使従五位上紀古佐美《きのこさみ》に従四位下勲四等を、鎮守副将軍従五位上百済俊哲に正五位上勲四等を、副使陸奥守正五位下内蔵全成《くらのまたなり》に正五位上勲五等を、副使従五位下多犬養《おおのいぬかい》に従五位上勲五等を、陸奥介従五位下多治比海《たじひのうみ》（宇美）に従五位上を授けた。また職名は明白でないが正六位上紀木津魚《こつお》・日下部雄道《おみち》・百済英孫《えいそん》に並びに従五位下を、正六位上阿部猨嶋墨縄《あべのさしまのすみなわ》に外従五位下勲五等を、入間広成《いるまのひろなり》に外従五位下を与えた。「征夷の労を賞してなり」とあるから、官職の明らかでない五人は、征東使の判官以下なのであろう。破格の恩賞ではないが征夷の成果があったと評価した立場の表明にほかならない。これではどうも政府の姿勢は「朕は取らない」と宣言したことと首尾一貫しないことになる。

結局彌縫《びほう》措置がとられる。数日後の九月二十六日のことである。「初め征東副使大伴宿禰益立《ますたて》、発するに臨み従四位下を授く。しかるに益立軍に至り、しばしば征期を愆《あやま》る。逗留して進まず。徒に軍粮を費して、日月を延引せり。是に由りてさらに大使藤原朝臣小黒麻呂を遣す。到りて即ち軍を進めて、亡《うしな》う所の諸塞を復す。是に於いて、詔して益立の進まざるを責めて、其の従四位下を奪う」と、前半の継縄段階の不振は益立の責任とし、呰麻呂たちが引揚げた後の難無き多賀城入りを小黒麻呂の功として、先の論功行賞をも理由づけをしたわけである。実は小黒麻呂の赴任は宝亀十一年九月二十三日なのに、勅譴は翌年の夏であるから小黒麻呂にも当然責はあるはずである。それに益立と一緒に任命された副将軍古佐美の責任をまったく問わないのは片手落ちのかぎりであるが、いずれにしても一騎当千夷俘豪族の強さに対してあがらない戦果に対しては、なんとか辻褄を合わせて軍を引かなければならなかったのであろう。

疲弊乱軍　益立処分の一因に「徒《いたず》らに軍粮を費す」という件があった。天応元年（七八一）十月十六日、尾張・相模・越後・甲斐・常陸等の国の計一二人が、私力をもって軍粮を陸奥に運輸したので、その運ぶところの多少に随《したが》って位階を加授した。当然のことであるが徒費したという方は罰せられ、運輸したという方は嘉賞される。この軍事行動の事態のなかでもいかに糧秣が不足していたかがわかる。そしてそれは、奈良朝末の段階で東北開拓・農業生産がまったく成功していなかったことを如実に物語っている。

その本来の糧秣政策の未熟さに加えて、呰麻呂の乱においては多くの農村破綻を招いた。八月十九日に延暦元年と改元される天応二年五月十二日に陸奥国では頃年兵乱で奥郡の百姓が離散し「並びに未だ来集せず」という状態であったのに対し、勅が下され「復三年を給う」処置が発せられた。これは出羽国でも同じで、翌延暦二年六月一日に出羽国から「宝亀十一年雄勝・平鹿二郡の百姓、賊の為に略せられ、各本業を失う。彫弊《ちょうへい》殊に甚しく、更に郡府《ぐんぷ》を建て、散民を招き集め、口田《くでん》を給すと雖も、未だ休息を得ず」という状態なので、調庸を進めることができないから優復を給わりたいと要請し、やはり陸奥の場合と同じく「復を給うこと三年」という勅を得た。

陸奥の奥郡というのは宮城県北部であろう。出羽の雄勝・平鹿二郡にならぶとなればそれは胆沢や和賀というところまでになるが、この段階にそのあたりまでの郡郷制が施行されていなかったことは明白である。また「奥郡」の語に「郡制施行地域のその奥」という意味があるまいことも明らかである。『続日本後紀』承和四年（八三七）四月二十一日条に「奥邑の民」という表現があって、それに対応して「栗原・賀美両郡の百姓」という記述があり、さらに「栗原・桃生以北の俘囚」という記述があるので、奥郡という呼称の指すところを推知することができる。それは同六年四月二十六日条に「奥県の百姓」の語があるのに対し、「胆沢・多賀両城の間」という地域表現があることも参照できるであろう。

要するに宝亀末の覚鱉《かくべつ》城の築営をめぐる軍略が東北地方で展開される段階になっても、律令国家の東北政策は経済や民生の面でも、第二次抵抗を招く素因は顕著だったのであるが、皆麻呂の乱による奥羽両国北部郡郷地帯では、人的・物的動員や戦火を忌避する民衆の行動によって、いわば農民の逃《ちょう》散があったのである。もとにもどれば復三年という優恤があったのに、陸奥ではまだ来集しないというだけであるが、出羽では賊の侵略で散民になっているという現状で、郡府おそらく郡衙も破壊されていたので再建したのであろうが、さらに口田おそらく口分田を給与しても彼らは休息を得られずにいるという実態であった。しかも宝亀十一年の賊の乱が因ということであってみれば、震源地は陸奥にあること明白である。積極的な逃散のあったことからは、奥郡といわれるような地帯の住民が国家に対し反抗心のあったこと、その心情の生じてくる社会的政治的な素地があったことが知られるのである。そういう地域社会があったればこそ、一以て千に当たる俘囚豪族の勇者たちが山野に迹《あと》をくらますという形で、政府軍の追及を避けえたのである。

『続日本紀』延暦二年正月八日条に、称徳天皇と道鏡の政権が終ってしまって以後は、その名の表われることさえなかったあの正四位上道嶋《みちしまの》嶋足《しまたり》が卒去したことが記され、卒伝がきわめて平叙的に載っている。なにかこの時期の象徴的な出来事である。というのは、もしも彼も若くして都にでて官途につき栄進しなかったり、一族や系累者とともに伊佐西古らの側に立つようになっていてもおかしくはない存在だからである。それなりに、一足早く律令体制に身を寄せしかも都の顕官になったばかりに、宇屈波宇《うくはう》らを検問する役割をはたしながら、結局効果はなく戦乱は起こり、彼の故郷の人々も苦労をし、一族の後輩は殺され、自分が身を寄せた国家の軍もなんの成果もあげえないという行き詰まりのなかでこの彗星《すいせい》のように輝いた老武官は歴史の過去に消えて行ったのである。

それにしても、戦況も思わしくないからであろうか、いわゆる官軍は乱軍であって綱紀は紊《みだ》れていた。嶋足が卒去して四ヵ月余、四月十五日付の勅が発せられた。『類聚三代格』に収められるところであるが『続日本紀』にも該当記事が編まれている。すなわち、「聞くならく、比年坂東八国、鎮所に運穀す。而るに将吏ら稲を以て相換え、其の穀代は軽物として京に送り、苟《いやし》くも得るところに恥無し。又濫《みだ》りに鎮兵を役して多く私田を営む。茲《ここ》に因《よ》って鎮兵疲弊し、干戈《かんか》に任《た》えず。憲典に稽《かんが》えるに深く合《まさ》に罪罰すべし。而るに恩蕩《おんとう》に会い且つ寛宥《かんゆう》に従う。自今以後更に然ることを得ざれ。如《も》し違犯あらば軍法を以て罪せん。宜しく捉搦《そくだく》を加え、侵漁《しんりよう》の徒の濁濫《だくらん》を肆《ほしいまま》にせしむること勿《なか》るべし」というものである。あえて論評を加えるまでもない腐敗ぶりである。『藤原保則伝』にも「此の国、民夷雑居し、田地膏腴《こうゆ》にして、土産の所出、珍貨多端なり。豪吏幷せ兼ね、紀極有るなし」と表現している。この濁濫は、軍隊におよぶとき乱軍というほかはない。

家持将軍赴任　延暦元年六月十七日に春宮大夫従三位大伴宿禰家持を兼ねて陸奥按察使鎮守将軍に任じた。政府は二月七日に民部卿正三位小黒麻呂を按察使に任じたばかりであった。それなのに小黒麻呂就任直前の閏正月氷上《ひかみの》川継《かわつぐ》の事件に関し、田村麻呂の父あの右衛士督苅田麻呂らとともに解官という、後に見る処分を受け、五月十七日に参議従三位で春宮大夫になって復権したばかりの大伴氏の棟梁を、宝亀七年任地に卒去した同族駿河麻呂とならぶような老齢で奥州の難局に投入したのはなぜであろうか。一見上古以来の武門の名族の当主を任命するのは至当の人事らしくもある。しかし第一等の有力氏族藤原家の征東大使や按察使でもいかんともなしがたかったところで、この老将がなにをなしうるというのであろうか。しかも家持は本質的に文人政治家である。文官としての国守だけなら北陸で経験もあるが、将軍としての能力は未知数といわざるをえない。

外従五位下入間広成を陸奥介とし同位安倍猨島墨縄《さしまのすみなわ》を鎮守副将軍に任ずることも家持将軍の人事とともに行われた。二人ともに前年九月に「征夷の労」を賞された有功者であるが、畿内などのいわば中央豪族ではなく坂東の地方豪族である。兵粮を軽物にかえて京に送り横領する人々とは異なる立場の武将たちである。むずかしくなった東北の政局・戦局から藤原氏は手を引いて高見の見物をしている概《おもむき》がある。田村麻呂征夷の成果があがった後の大同に征夷軍事に批判的な緒嗣《おつぐ》が按察使になるまで藤原氏は東北史に名を表わさない。

しかも、この間にも延暦元年五月三日には、海上《うなかみのみ》三狩《かり》・下野国安蘇《あそ》郡主帳若麻績部牛養《わかおみべのうしかい》・陸奥国人安倍信夫東《あべのしのぶのあずま》麻呂《ろ》が郡粮を献じた功でそれぞれ位を上げられた。三狩の国名はないが氏の称から上総国か下総国の郡司級の氏姓国造族である。東麻呂も昇位まで外大初位下で微位であるが、氏の称と臣という姓からして信夫郡の郡司とか郷長とかの級の豪族であろう。こうした有力者の献じた軍粮を、下向してきていた武官や関係吏僚が不正処理したのである。余裕ある地方豪族ならとにかく、やっと令制農民化した田夷の後身たちや移住させられた柵戸などの農民たちが、こういう情況を知ったなら、逃散先から帰村しないのも無理からぬところである。

五月二十日、陸奥国から「鹿嶋神に祈禱して、凶賊を討ち撥《おさ》めぬ。神験は虚に非ず、望むらくは位封を賽《さい》せんことを」と言上して、勅によって勲五等と神封二戸が授けられた（『続日本紀』）。陸奥国にも鹿嶋児神《かしまこのかみ》という神社は多いが、ここでは「児」や「子」の称はないから常陸の鹿島神宮のことであろう。坂東の兵士が多く動員されていることも、この神が祈念の対象となる一因であろうし、藤原氏が氏神としているほどの中央と密接な東海道北方の神であることが、いわゆる征夷の武神として地位を確立することになった。このことに連なり、陸奥に多くの児宮を勧請される理由となるのであるけれども、神験だけが賊勢を抑えうると信ずることしかないような戦いの場に、老将は赴かされたのである。

四月十九日、坂東諸国に勅が出される。内容は「蛮夷が夏（中華）を猾《みだ》すことは古くからよくあることである。武力によらなければ民の害を除くことはできない。だから蛮族を征圧し、北狄を伐《う》った前王の用兵は故あることであった。近年夷俘が狂暴性を発揮し辺境の守りを失っている。やむをえずしきりに軍隊を動かしている。そのために坂東では徴発に疲れ、農民たちは長期の物資輸送に倦《う》んでいる。その労弊を朕ははなはだ憐み今使を遣して慰問し倉庫を開いて優給した。悦《よろこ》んで公の仕事に従うことのできるようにするのが立派な王者の民を愛するみちである。東国の当局者は充分に朕の意を理解せよ」というものである。

出羽で弊民のために復三年を給した四日後の延暦二年六月六日にも「夷が乱をなし、追うと鳥のように散り、放って置くと蟻のごとく集まる。軍を練り寇掠《こうりゃく》に備える必要がある。坂東では軽輩や浮宕人を動員し、武術に秀いで戦う能力のある者を徴集したことがない。これからは散位の子、郡司の子弟、浮宕でも軍にたえる者を簡《えら》んで、国の大小により一〇〇〇以下五〇〇以上を訓練し装備を整えよ」という勅が出た。いわば前王用兵の由あることをのべ征夷の終結を示したように見えたのも束の間で、また徴兵動員を迎えたのである。

十一月に大伴弟麻呂が征東副将軍に任じ、明けて翌三年二月に従三位大伴家持が持節征東将軍に、文室与企《ふんやのよき》を副将軍に、入間広成と阿倍猨嶋墨縄を軍監に任じた。なんという変り映えのしない幹部属官を従えて、七〇歳近い老家持は、持節将軍として難局に赴任させられることになったものであろうか。あえて心情をいえば同情にたえない。政府もなにも期待していなかったのかもしれない。三月外正六位上丸子連石虫なるものが軍粮を献じた功で外従五位下を授けられている。従前とこれも同じ形である。軍の粮秣は依然不足なのである。兵は弱く軍粮は乏しく幹部人事は何となく惰性によっているような副将軍以下の顔触なのである。

老将哀愁　『続日本紀』によると、家持が赴任して一年もたたない延暦四年正月十五日に「従五位上多治比真人宇美を陸奥守となす」とあり、つづいて二月十二日条に「宇美を陸奥按察使兼鎮守副将軍と為《な》す。国守故の如し」とあり、三月九日には宇美が正五位下に上げられ、彩帛一〇疋・絁《あしぎぬ》一〇疋・綿二〇〇屯を賜っている。どうも天応二年六月就任の中納言従三位の高官であった陸奥按察使鎮守将軍大伴家持は、二人任じられた形になる按察使のなかで老将が若い宇美の任命の前に御用済になってしまったように見える。

天応二年（延暦元年）の按察使将軍拝命は、春宮大夫が本務でしかも翌年中納言に任命されるのであるから、当然京官が主で陸奥の官職は遥任だったのであろう。彼が春宮大夫になって復権する前の事件は、この年正月十六日に因幡守に発令された氷上《ひかみの》川継《かわつぐ》が翌月謀反し捕えられた。彼の父は塩焼《しおやきの》王《おおきみ》だったが母は不破内親王《ふわのひめみこ》で皇位継承をめぐって現政権は気になる存在であったにちがいないから、川継と一緒に親族や姻戚が、配流や解官の処分を受けることは常識的に理解できる。しかし左大弁従三位家持が、右衛士督正四位上坂上苅田麻呂・散位正四位下伊勢老人《おいひと》・従五位下大原美気《みけ》・同藤原継彦《つぐひこ》らと「職事《しきじ》は其の見任《げんにん》を解き、散位《さんい》は京外に移す」という処分を受けたことはあまりはっきりした根拠があったとは認められない。なぜならば大した動機もなくまた理由もなく復権することになるからである。

先に「難局に投入」と表現したのは、大伴一族のなかでも古麻呂・駿河麻呂・真綱・益立などとはちがい東北の軍政・軍令に関わったことのない彼だからであり、これも先に言及したが「本質的に文人」である彼だからである。『万葉集』のあの有名な「海ゆかばみづく屍《かばね》　山行かば草むす屍　大皇《おほきみ》の辺にこそ死なめかへりみはせじ」という段落を持つ「陸奥国金を出だせる詔書を賀《ことほ》ぐ歌」という長歌一首は、三首の反歌を伴っている。その一首が「すめろぎの御代さかえむとあづまなるみちのくの山にこがね花さく」である。これもまた有名であるが、これは一般に家持が天平二十一年（七四九）の陸奥産金を祝して詠んだ歌だと解されているごとくである。もちろんそれと無関係でないことは確かながら、直接は天皇の歓喜謝恩の「詔書」に応えての歌なのである。詞書が明らかに語っている。東北の産金に関する詔に対してはたしか歌を詠んだことがあるが、東北そのものに関しては歌を詠んだことすらない老歌人高官が投入されたのである。

この長短歌を詠んだのは「天平感宝元年（七四九）五月十二日越中国守館に於いて」であった。いうまでもなく天平二十一年が天平感宝元年になりさらにまた天平勝宝元年になったのである。北陸の越中といういろいろな意味で都に近い北国の国守になったことはあっても、奥羽の地方官になったことはなかった彼なのである。由緒ある武門の名族の氏の長ではあるが、中央でも天平勝宝から天平宝字のころに兵部少輔から大輔を数年間勤めた経験しかなく、特別に軍事面に力量を発揮したことがあるらしくもない、名歌人であるだけの「中納言従三位兼春宮大夫陸奥按察使鎮守将軍大伴宿禰家持」は、若い按察使宇美がいるなかで「名取より以南十四郡は、山海に僻在《へきざい》して、塞《さい》を去ること懸《はる》かに遠し。徴発《ちょうはつ》することあるに属《た》しては、機急に会わず。是に由《よ》りて権《かり》に多賀・階上《しながみ》の二郡を置き、百姓を募り集めて人兵を国府に足し、防禦を東西に設く。誠に是れ預《あらかじ》め不虞《ふぐ》に備えて万里に推鋒《すいほう》せむものなり。但し以《おもんみ》るに徒《いたずら》に開設の名ありて、未だ統領の人を任ぜず。百姓顧望して心の係わる所無し。望み請うらくは、建てて真の郡と為し官員を備え置かんことを。然らば則ち民は統摂の帰することを知り、賊は窺窬《きゆ》の望を絶たむ」と言上し、許される（『続日本紀』）。実は史料上これが家持の按察使として行った唯一の行政であり軍政にかかわることであった。延暦四年四月七日のことである。

先に第一章で見た坂上大忌寸苅田麻呂が後漢《ごかん》霊帝の子孫であるという上表をしたのは、二ヵ月後のことであるが、それまでの間に五月二十日に百済英孫が鎮守権副将軍に発令されたものの、まだ具体的にはなんの征夷行動もせず、彼が上申して許された二郡による鎮守策さえ成果もはっきりせぬうちに、八月二十八日に老将は任地において薨じた。実は『続日本紀』には「家持死す」とある。それには薨伝がついているが称えられる部分はまったくない。

祖父は大納言贈従二位安麻呂《やすまろ》、父は大納言従二位旅人《たびと》なり。家持は天平十七年に従五位下を授けられて宮内少輔に補せられ、内外を歴任す。宝亀初に従四位下左中弁兼式部員外大輔に至る。十一年参議を拝す。左右の大弁を歴《へ》、尋《つ》ぎて従三位を授けらる。氷上川継が反する事に坐せられ、免《めん》ぜられて京外に遷さる。詔あって罪を宥《ゆる》され参議春宮大夫に復せらる。本官を以て出でて陸奥按察使となり、居ること幾ばくも無くして中納言を拝し、春宮大夫故の如し。死後二十余日にして其の屍未だ葬らざるに、大伴継人・竹良等、種継を殺し、事発覚《あらわ》れて獄に下る。案験するに、事家持等に連る。是に由り追いて名を除き、其の息永主等は並びに流《る》に処せらる。

というのがそれである。そして彼が真実川継の事件や種継暗殺の事件に関係しているのなら、彼の藤原氏中心の当時の朝廷に対しきわめて不満であったことになるし、そうではなかったということになれば、藤原氏の大伴氏疎外がいかにひどいものであったかがわかる。

武智麻呂と旅人、仲麻呂（押勝）と古麻呂という、奈良朝における藤原氏と大伴氏の対立が、ここにも引き継がれているとしても、非常時の陸奥の現地司令官に任じるということは、単に結果論としていうのではなく、年齢的に老将に死地を与えたようなものである。確かに家持は従三位中納言という上級官位にあるが、自分自身の発意や意志で陸奥行きを決定できるような立場にはまったくないのであるから、川継事件の危機からなんとか抜け出すことができ、また除名などの憂目を見るよりは陸奥国の方がまだ我慢できると観念したのであろう。しかし結果は死屍に鞭うたれることになったわけである。哀れというべきであろうか、または理不尽というべきであろうか。

理不尽などというやや激しい語を用いたのは、先に爵を奪われた益立《ますたて》の場合を思い浮かべたからである。あの譴責処分が公正を欠くということはすでに指摘したが、単に不公正だっただけではなく不法があったようである。半世紀後の承和四年（八三七）にいたって本位従四位下を贈られたことが『続日本後紀』に見えるけれども、それは彼が出征して「厥《そ》の後讒《ざん》に遭い、爵を奪わる」という難にあったのを、「其の男《おとこ》越後大掾野継、上書して寃を訴うること久し。遂に弁明して父の恥を雪《そそ》ぐことを得たり」という経緯であった。家持についても『日本後紀』によると延暦二十五年（五月十八日大同改元・八〇六）三月十七日に従三位に復されている。わずかに二〇年後の除名解除である。益立の場合以上に理不尽であったにちがいない。

もちろん、天皇の篤い病ということに対しての、勅による延暦四年配流の放還と本位復叙であるから、特別だという論もあるかもしれない。しかし同時に崇道《すどう》天皇のために諸国国分寺僧に春秋二仲月すなわち二月と八月に各別に七日金剛般若経を奉読させているのを見ても、早良《さわら》親王に対する非道理不尽と同類の扱いであると意識していたものにちがいない。宝亀九年に淡路親王とされていた淳仁天皇の墓を山陵に改めた光仁天皇の勅も、おそらく先帝の処分の理不尽を正す意味があったもので、同様の措置だったものと考えられる。家持は犠牲者であったように受け止められる。偶然であろうが時代の変転を示すかのように、翌延暦五年正月七日に、家持と同じ従三位で左京大夫兼右衛士督下総守の坂上苅田麻呂が薨ずるのである。坂上大忌寸家でもいよいよ田村麻呂が当主となったのである。しかしいわゆる征夷のことはなんらの展開も見せないままなのである。まさに「征夷進まず」である。

2　将軍と領袖

東人の制法　家持が世を去って一年、『続日本紀』延暦五年八月八日条に「従五位下佐伯宿禰葛城《かずらき》を東海道に、従五位下紀朝臣楫長《かじなか》を東山道に使わす。道別判官一人、主典一人。軍士を簡閲し、兼ねて戎《じゅう》具《ぐ》を検す。蝦夷を征せんがためなり」とある。家持の死などとはまったく関係なしに、事は進められるのである。それ以前四月十一日に諸国から貢せられる庸・調などに未納があって国用にも闕けることがある。そこで国司・郡司らに関し十九日太政官奏が出され、戸口を増益すること、農桑を勧課し倉庫を積実すること、雑物貢進に期限を守ること、所部を粛正し盗賊の起こらぬようにすること、裁判を正しくし冤罪をつくらないこと、職に公平で清慎に身を律すること、という箇条にならべて、且つ守り且つ耕し軍粮儲《そなえ》あること、辺境を清粛にして城隍《じょうこう》の修理をすることが掲げられる。

国司・郡司に対してということであれば、後段の二ヵ条はあまり普遍性がないようであるが、実は「右は国宰、郡司、鎮将、辺要等の官、任に到って三年の内、政治灼然として、前件二条已上に当たる者」に関しての考課の箇条なのだということなのであるから、二ヵ条は鎮将と辺要の地方官に関してまったく正対しているのである。

このことは、辺要の典型的地方である東北について、「且つ守り且つ耕し軍粮儲有り」という理想を掲げていたことを示しているが、一般的な条目についても、奥羽辺要もまた同様の問題をかかえていたことを明らかに知りうる。同じように王臣および国司などの地方官層にかかわる延暦六年（七八七）正月二十一日付の太政官符（『類聚三代格』巻十九、禁制事）がある。

応《まさ》に陸奥按察使、王臣百姓の夷俘と交関するを禁断すべきの事。

右、右大臣の宣を被《こうむ》るに偁《い》わく、勅を奉《うけたま》わるに、聞くならく、王臣及び国司等争って狄馬及び俘奴婢を買う。このゆえに弘羊の徒苟《みだり》に利潤を貪《むさぼ》り、良を略して馬を竊《ぬす》み、相い賊《そこな》うこと日に深し。しかのみならず、無知の百姓は憲章を畏れざれば、此れの国家の貨を売り、彼れの夷俘の物を買う。綿は既に賊の襖《あお》に着られ、冑鉄も亦敵の農器に造れる。理に於いて商量するに、害たる極めて深し。自今以後、宜しく厳しく禁断すべし。如《も》し王臣及び国司の此の制に違犯せる者有らば、物は即ち没官し、仍ち名を注して申上せよ。其れ百姓は一に故按察使従三位大野朝臣東人の制法に依り、事に随って推決せよ。

というのがそれである。按察使の職責において、蝦夷のなかでも日本海側の産出を主としているらしい「狄馬」と、夷俘の持っている「奴婢」か夷俘を奴隷とした「奴婢」かとを、下向している官人や国司などが国の経費を横領したりして買い漁《あさ》ることへの禁制策を講ずるように求めたものである。襖は袷《あわせ》や綿入れ衣《ころも》なのであろうが、ふすまで衾に通じているのかもしれない。

北側に狄馬がいて、東側に夷馬がいなかったことではないにしろ、東北の名馬が狄側にいたとされることは当時の常識だったことがわかる。奴婢は夷俘の有力者が持っていた夷俘出身の奴婢であるにしろ、移住者だろうと夷俘系の者であろうと、仲介人が買ったり誑《たぶらか》したり盗んだりして仕入れたものであるにしろ、王臣や国司が買ったものであることもわかる。そしてそれが馬であろうと奴婢であろうと奥羽の域内だけで首尾結末した取引だったはずはない。もしそうなら右大臣宣するほどの大事とはなるまい。結局二年四月の先の勅で鎮所の将吏が稲を軽物に代えて京に送ったことを厳禁したのと、同じことなのであろう。奥羽が乱れていなかったのではないとしても、最も倫理や行為が乱れているのは京都であり、派遣されてきている幹部官僚なのである。そこで征夷などといっても、部下も上官の命にしたがう気持などでてくるはずもなかった。

それにしてもこの官符で、したがうべき基準として掲げられるのが、彼の大野東人《おおののあずまひと》の制法であったことは、あらためて注目すべきところである。というのは、この征夷準備期という緊迫期でも陸奥按察使の制法の範となるのは、東人のそれであって、朝猟のでも、藤原田麻呂のでも、駿河麻呂のでも、広純のでも、家持のでもなかったということは、やはり古代東北史で律令国家の地方政策は、東人に典型の見られる鎮守政策が本来のものであったことを示しているからである。そして東人は按察使として理想的に部下官人を統御していたと考えられていたこともわかるのである。

こうした精神論を整えながら、官符から十余日後の二月五日に佐伯葛城を陸奥介とし兼ねて鎮守副将軍とした。その二十日後に葛城は下野守に転じ、藤原葛野麻呂《かどのまろ》を陸奥介に池田真枚《まひら》を鎮守副将軍に任じた。年半ばになんらかの「事に坐して」日向権介に左降された鎮守将軍百済俊哲の後任に、翌春二月二十八日按察使多治比宇美を鎮守将軍とし、安倍猨嶋墨縄を副将軍に任じたことが『続日本紀』に記される。正五位下であっても宇美は従三位中納言の家持と同じように東北の行政軍令の両領域について最高権力を掌握した形になった。

古佐美出陣　六年末『続日本紀』によれば朝倉家長が陸奥国に軍粮を進めて外正七位下から外従五位下に上げられたが、このような個人的献納で処理できる局面ではなく、同じく延暦七年三月二日条に、軍粮三万五〇〇〇余斛を陸奥国に命令して多賀城に運収させた。また糒《ほしいい》二万三〇〇〇余斛と塩を、東海・東山・北陸の諸国に命じて、七月以前を期限にして陸奥国に転運するように命じたことが記される。それは「並びに来年蝦夷を征せんがため」であった。翌日勅が発せられて「東海・東山・坂東諸国から歩騎五万二千八百余人を調発し、来年三月を限って、陸奥国多賀城に会せしめる」こととなった。そこでは、「兵を点ずるに当たり、軍に入って戦を経、勲を受けた者、常陸国神賤を先にせよ」といっている。経験豊かな軍士をというのは、すでに延暦二年六月に尫弱《おうじゃく》な兵士を排することを命じていたことの延長である。さらに常陸国の神賤というのは鹿島神宮の神賤と考えられるが、元年に「雑色《ぞうしき》の輩、浮宕の類」を排除せよと命じた勅命に矛盾するような「神賤」を第一に点じようとしていることも考察に値するが、この賤とは、単なる奴ではなく、神聖な鹿島の支配する軍事にも秀いでた神秘の従軍聖職者であると考えられる。西海に赴く防人《さきもり》の国ごとの隊に国造丁《くにのみやつこのよぼろ》という幹部のあったことを思い合せることができるからである。「丁・よぼろ」は一見役務者を意味して低級の階層であるように見える。神賤は語義賤民であるが、神の賤は人の賤ではない。一般の奴とは異なるものであったにちがいない。坂東を主とする陸奥への出征者に対し、神賤は故国の武神の稜威《みいず》の恩頼を伝える役割をになう者であると考えられる。

この第一の対象の次に「然る後、余人の弓馬に堪《た》えたる者を簡点せよ」とあることからも、神賤の立場が推知できる。そしてさらに勅旨があって、「近年国司に奉行の心無くて毎事闕怠し、しばしば謀をあやまる。苟《いやしく》も有司がそんなことであっては、軍を興こしても、乏しい状態で軍事に従わなければならなくなる」という厳しい示達が行われている。

このような経緯の後に三月二十一日に多治比浜成、紀真人、佐伯葛城、入間広成らを並びに征東副使に任命する人事が行われた。一年前下野守に移されていた葛城がもどされ、家持の時の副将軍の一人である広成も返り咲いたかたちである。宇美と同族の多治比浜成と紀真人は新たに起用されたのであろう。とにかく兵員と粮秣の準備が着々と進められて、それもまもなく完了という段階に達するらしく見える状況になった。

いよいよ延暦七年七月六日「参議左大弁正四位下兼春宮大夫中衛中将紀朝臣古佐美を以て征夷大使と為す」という『続日本紀』の記述となる。先にも紹介したような奈良朝の東北行政・軍政の最高官たちとくらべてみてもまったく遜色はない。宝亀十一年継縄の大使のもとで征東副使になり、天応に陸奥守にもなった。参議は宝亀に任所で薨じた按察使大伴駿河麻呂や、同じく宝亀末の乱に非業の死を迎えた按察使紀広純と同官で、乱の平定時大使となった藤原小黒麻呂とも同じである。位階は大使に任ぜられて昇位したさいの小黒麻呂と同じである。また春宮大夫は延暦元年に按察使・鎮守将軍・陸奥守だった大伴家持と同じである。ようするに堂々の征東大使として古佐美は東北に乗込むことになったのである。胆沢の在地豪族の領袖《りょうしゅう》などは鎧袖《がいしゅう》一触《いっしょく》で処理できるはずの相手である。

だから『続日本紀』によれば征東大将軍として出征するに際して、十二月七日辞見《じけん》のため詔で召されて昇殿《しょうでん》し節刀《せっとう》を受ける時、佳《よ》き日に将軍に任ずるが、先に、別将たちは軍令に忠実でなく、軍隊も進めないで停滞したりした戦術の不備が多かったと聞いている。法を軽んじ副将軍が死罪を犯したような場合は禁縛して奏上し、また軍監以下は斬罪に処せ。坂東の安危はこの作戦にかかっている。将軍は努力せよ。という趣旨の勅があった。坂東の安危がこの一挙にあるという強烈な命令と要求に対し、古佐美軍の敗北などは絶対にあるべくもないことだったのである。予定通り諸国の軍は延暦八年三月九日多賀城に会し道を分かち「賊地」に入った。翌日伊勢神宮に征夷を告げる奉幣もあって、国の方策は順調に進められた。

ところが同じく五月十二日条によって征東将軍に下された勅をみると、軍はまったくあるべき動きをしていなかったのである。そしてこの時の相手こそ、第一章の2に見たように、現地勢の巨頭阿弖《あて》流為《るい》だったのである。しかも彼の経歴はまったくそれまでの史料には伝えられていない。しかし、結果論ではあるが、明確な史料はないけれども実際は充実した経歴があることは確実で、履歴書を造ったとすれば、どの欄目についてもそのすべての行を充塡させるだけの内容を備えているにちがいないのである。将軍は誰であっても簡単に勝てる相手ではなかった。

敗軍の将　結果は、「坂東の安危此の一挙に在り」などといわれて乗り込んだにもかかわらず、「夫れ賊首を斬る未だ百級に満たず。官軍の損亡三千に及ぶ。此《ここ》を以て言《い》わば、何ぞ慶快するに足らんや」と酷評され、幹部の一人は「斬刑に当り」と叱責されるような惨憺たるものとなるのである。

まず、延暦八年七月十七日に持節征東大将軍紀朝臣古佐美等に勅があって「今月十日の奏状を得るに曰《いわ》く」という書き出しで『続日本紀』には次のように彼の提出してきた状の内容をまず記している。

所謂《いわゆる》胆沢《いさわ》は水陸万頃《まんけい》にして、蝦虜生を存するも、大兵一挙して、忽ちに荒墟と為る。余燼は縦《たと》い息《いきながら》えるとも、危きこと朝露の若《ごと》し。しかのみならず、軍船纜《ともづな》を解きて、舳艫《じくろ》百里し、天兵加えるところ、前に強敵無し。海浦の窟宅、復《ま》た人烟あるに非ず。山谷の巣穴、唯鬼火のみを見る。慶快に勝《た》えず。駅を飛ばして上奏す。

というのがそれで、勅はこれに対して慶快論をしりぞけ、

今、先後の奏状を検するに、斬獲の賊首八十九級なるに、官軍の死亡千有余人にして、其の傷害せらるる者は、ほとんど将に二千ならんとす。（中略）又大軍還り出ずるの日、兇賊追い侵すこと唯一度のみに非ず。而るに云わく、大兵一挙して忽ち荒墟と為ると。事勢を准量するに虚餝に似むと欲す。又、真枚・墨縄等、裨将を河東に遣す時は、則ち敗軍して逃げ還り、溺死する軍一千余人なり。而るに云わく、一時に凌ぎ渡りて、且つ戦い且つ焚き、賊の巣穴を攪《うちと》りて還りて本営を持すと。是れ溺死の軍は弃《す》てて論ぜず。又浜成等は賊を掃《はら》い地を略《りやく》したること差《やや》他道に勝《すぐ》れたり。但し天兵の加える所前に強敵無く、山谷の巣穴、唯鬼火のみを見るというに云うに至っては、此の浮詞、良《まこと》に実に過ぎたりと為す。凡《およ》そ凱表《がいひょう》を献ずる者は、賊を平げ功を立てて、然して後に奏すべし。今其の奥地を究めずして、其の種落《しゅらく》を称して、駅を馳せて慶を称う。亦《または》愧じざら

んや。

と叱責するのである。先月は「不忠」といわれ、今は「愧じざらんや」といわれたのである。武将の恥辱これにすぎるはない。なお種落といって村落などといわないところに、国側の相手観が見えている。

八月三十日に勅があった。陸奥国の軍に従った人々の今年の田租は全免で併せて復二年を給い、牡鹿・小田・新田・長岡・志太・玉造・富田・色麻・賀美・黒川等一〇郡は、賊と居を接しているので特に復一年を延長するというものである。「黒川・賀美等一十郡」という区域名は宝亀元年（『続日本紀』）にもあった。二〇年たっても同じような行政環境にあるのである。そしてそれから十日ほどで征東大将軍紀古佐美が陸奥から帰って節刀を返進するのである。十日余で太政官曹司《ぞうし》で勘問が行われる。それを記す『続日本紀』延暦八年九月十九日の条は、

勅して、大納言従二位藤原朝臣継縄・中納言正三位藤原朝臣小黒麻呂・従三位紀朝臣船守・左兵衛佐従五位上津連真道・大外記外従五位下秋篠宿禰安人等を太政官曹司に遣し、征東将軍等逗留敗軍の状を勘問せしむ。大将軍正四位下紀朝臣古佐美・副将軍外従五位下入間宿禰広成・鎮守副将軍従五位下池田朝臣真枚・外従五位下安倍猨嶋臣墨縄等、各々其の由を申す。並びに皆承伏しぬ。是に於いて、詔して曰わく、陸奥国の荒びる蝦夷等を討ち治めに任《ま》け賜いし大将軍正四位下紀古佐美朝臣等い、任け賜いし元の謀には合い順《したが》わず、進み入るべき奥の地も究め尽さずして、

軍を敗り粮を費して還り参来《まいき》つ。是を法の任《まにま》に問い賜いきため賜うべくあれども、承前に仕え奉りける事を念ほしめてなも、勘《かんが》え賜わず免《ゆる》し賜う。又鎮守副将軍従五位下池田朝臣真枚・外従五位下安倍猨嶋臣墨縄等、愚頑に畏拙して、進退度を失い、軍《いくさ》の期をも闕き怠れり。今法を撿《かんが》うるに、墨縄は斬の刑に当たり、真枚は官を解き冠を取るべくあり。然れども墨縄は久しく辺戍《へんじゅ》を歴て、仕え奉れる労あるに縁《よ》りてなも、斬の刑をば免《ゆる》し賜いて、官冠をのみ取り賜い、真枚は日上《ひかみ》の湊にして、溺るる軍を扶け拯《すく》える労あるに縁りてなも、冠を取る罪は免し賜いて、官をのみ解き賜い、又小の功ある人をば、其の重き軽きに随いて治め賜い、小の罪ある人をば、勘え賜わず免し賜わくと宣り給う御《おおみこと》命を、衆《もろもろ》聞こし食《め》さえと宣り給う。

というものである。特に解釈を加える必要もない。ただ彼らが「進退度を失った」と責められている点は、国家の面子を保つためのことではあろうが、一方的で正しくない。なぜならば彼らの敗戦は、相手たる阿弖流為軍の抗戦の強烈さによるものだからである。それを正確に認識しないかぎり東北征討政策の展開は望むべくもないのである。

田村麻呂登場　『続日本紀』延暦十年（七九一）七月十三日条に、「従四位下大伴宿禰弟麻呂を征東大使と為し、正五位上百済王俊哲・従五位上多治比真人浜成・従五位下坂上大宿禰田村麻呂・従五位下巨勢朝臣野足を並びに副使と為す」とあって坂上田村麻呂が征夷の局面に幹部として登場する。なおそれに先立って正月に、東海道に対し征夷のための軍士簡閲と戎具点検に出かけたことは、第一章でものべた。正月下旬には文室大原《ふんやのおおはら》が陸奥介となり、二月下旬には鎮守副将軍も兼ねる。その間二月初には外正六位上大伴直奈良麻呂《ならまろ》・外正八位上遠田臣押人が外従五位下を授けられ、外従七位下丈部《はせつかべ》善理《よしまさ》には外従五位下が贈られた。押人は前年夏に遠田公から田夷の恥を永く子孫に貽《のこ》したくないからと望んで「臣」の姓を受けた遠田郡領である。この押人について二月五日条は外正八位下とするがすでに「上」であった。善理は古佐美段階の渡河作戦で奮戦した部隊長で、その戦死を憐んで嘉賞したわけである。

三月十七日に右大臣以下五位以上に勅命で甲を造らせた。数にはおのおの差があった。五位で殷富《いんぷ》の者には特に数を増し、上限は二〇領でその次は一〇領であった。二十六日にも全国の国郡司に命じ甲を造らせた。六月十日にも諸国に命じて鉄甲三〇〇〇領を新様式で修理させた。国別に数の差があった。九月五日には陸奥国安積《あさか》郡大領正八位上安積臣継守が軍粮を進め外従五位下を授けられた。九月二十二日下野守正五位上百済王俊哲が兼鎮守将軍となった。十月下旬には東海・東山二道諸国に命じて征箭《そや》三万四五〇〇余具を作らせ、十一月初には坂東諸国に命じ軍粮の糒《ほしいい》一二万余斛《こく》を備えさせるなど、着々と征軍の準備が進められた。

延暦十一年の閏十一月二十八日に征東大使大伴乙《おと》（弟）麻呂《まろ》が辞見して任地に赴くことになるが、この年の正月十一日には「斯波《しわ》村の夷胆沢公阿奴志己《あぬしこ》等、使を遣して請いて曰く、己等王化に帰せんと思い、何れの日か忘れんや。而るに伊治村の俘らの遮る所と為り、自ら達するに由無し。願わくは彼の遮闘を制し、永く降路を開かれんことを、と。即ち朝恩を示す為に物を賜いて放還せり。夷狄の性たる、虚言不実、常に帰服と称し、唯に利を是れ求むのみ。自今以後、夷の使者あるも、常賜を加うる勿《なか》らん」という陸奥国の言上があったと、『類聚国史』に記されている。なにか後段の部分は、国の言上に対しての中央からの勅とか下報とかということなのではないかと認められるが、そうであれば、結句は「勿《なか》れ」という命令形となろう。

このことは二つの重要な意味を持つ。一つは天平における和我君計《わがのきみけ》安塁《あるい》のような勢力として、この延暦になっても胆沢公阿奴志己が存在したこと。二つはそれを阻む勢力がやはり存在したこと。しかも天平の和我から延暦の斯（志）波にその地域は北上していたことを語るのである。ここでは遮闘する勢力が伊治の夷俘や俘囚である。一日も帰服の思を忘れたことがないという勢力が山夷にはなかろうが村夷にはあるという、さらに一段国家側に対し遠方の存在であることも興味がある。そのことがただ利をのみ求めての口先だけの帰順だとされる一因なのかもしれない。しかし実は「公」姓を持ち宇漢《うか（ん）》迷《め》（米）公《のきみ》宇屈波宇《うくつはう》にも当たる存在なのであろう。そうであるからこそ国司などの立場でも朝廷でも、いつ反逆するかわからない不実の者と位置づけて信じられなかったのであろう。そしてこの不信感こそ東北政策における相互にとっての最大の癌なのである。

同じようなことが七月二十五日の勅にあることがやはり『類聚国史』に伝わる。これは「夷の爾散《にさ》南《な（ん）》公《きみ》阿破《あわ》（波）蘇《そ》が、遠く王化を慕って入朝を希望していると聞く。真の忠義か疑わしいかはとにかく、行動は嘉《よみ》すべきである。途中の国は、壮健の軍士三百騎を択んで国境に出迎え、威勢を示すようにせよ」というのである。絶対に信ずることはむずかしいにしても、強い軍隊を配置して威光を示し、暴発させないようにしようというのである。

だから同年十月一日に「陸奥国の俘囚吉弥侯部真麻呂と大伴部宿奈麻呂が、未服の夷虜を懐《なつ》けることに功があったので外従五位下に叙された」ことは、軍事力まで用いなければならない相手を、心情的に懐くようにしたことの評価であって、やはり注目に値する。その懐《なつ》ける策として十一月三日に陸奥の夷俘の爾散南公阿波蘇・宇漢米公隠賀《おが》、俘囚吉弥侯部荒嶋らを朝堂院に饗《あえ》した。阿波蘇と隠賀には蝦夷の爵の第一等を、荒嶋には外従五位下を授けた。七月に王化を慕うといわれた阿波蘇たちが、現実に国境国境で三〇〇騎に迎接されながら京に入り、この対応を受けたわけである。そのうえわざわざ三人に宣命体の詔を発したこの対応を、「荒夷を懐けるため」と自ら定義したのである。

そして閏十一月末に辞見した征東大使に対し、延暦十二年二月十七日に征東使をあらためて征夷使とした。このあたりの『日本後紀』は散逸して『日本紀略』や『日本逸史』などの抄録しか伝わらなくなるが、二月二十一日には征夷副使近衛少将坂上田村麻呂が辞見した。実地に征夷の副使として東北に向かったと考えられる。

征夷使の構成と背景　大使弟麻呂は、延暦二年（七八三）十一月に持節征東将軍大伴家持のもとで、文室与企とともに征東副将軍となった。宝亀末以来衛門佐・左衛士佐などを歴任し、副将軍になった時は常陸介であった。家持没後は右・左中弁や河内の国守などになっていた。俊哲と浜成の両副使はこれまでも東北軍の常連である。二年前に鎮守副将軍になった野足は地固めをしていて征夷使の副使になったわけである。半年前鎮守副将軍になった文室大原は征夷使には加わらなかったのであろう。

本書の主人公田村麻呂は三十四歳で相当若く、野足はそれより九歳ほど年長で、天平陸奥産金時の国守敬福《きょうふく》の孫である俊哲はこの四年後に卒去する。行年《ぎょうねん》は不明であるが、女《むすめ》の一人教法《きょうほう》が桓武天皇の、もう一人の女の貴命《きみょう》も嵯峨天皇の、ともに女御《にょうご》であるから、よほど若い父親でないかぎり田村麻呂よりも若いということはなさそうである。要するに彼は六十歳をすぎていた老将軍のもとの最も若い副将軍だったと考えていいであろう。それだけにこの首脳陣のなかで少壮副将軍への期待は大きかったものと考えられる。

古佐美軍敗退後も国側からは蝦夷側に働きかけ、いくらかでも帰順性を持つ勢力がなびくように仕向け、そういう勢力があれば、賜物・叙位・饗宴・免租などの対応をし、阿波蘇らのように取り込み、懐柔し征夷のことにも役立てようとしたのである。弟麻呂大使辞見の一ヵ月前に、永く出羽国平鹿・最上・置賜三郡の狄田《てきでん》の租を免じたのも注目に値する。奥地の反夷勢力からは離れた最上・置賜など南方の地域で、反夷のことなどとは直接関係のなさそうな郡の狄俘のために狄田の租を免ずるということは、兵乱が隣接地であってその被害が波及してくる北部の平鹿郡の狄田の租に優遇策を講ずるのとは同じではない。結局は俘軍を出したり、輸送に加わったりしたことへの報酬であろう。そうして国と順服勢力との間に切っても切ることのできない結合関係を形成しようと考えていたものと見える。実は国史の記述では、向うから自発的に順服勢力や帰服者がやってきて、それに恩典を与えたようになっている。しかし阿波蘇や隠賀や荒嶋に地方官と関係なく朝廷が独自で宣命を発し叙位するようなことは考えられない。当然国郡司や鎮官、時に応じては征夷軍当局などが直接接触して、慰諭や説得や懐柔をしてそれを現地で処理したり、相手によっては中央に上申・伝奏したりしたものにちがいない。そして実は、中央も地方も、阿奴志己らに「常賜はしない」としているように、絶対の信用はしてはいないのである。策略的な対応が象徴している通り、いわば飴と鞭を使い分けて都合の良い方の立場を、お互に採用しているというのが真相であった。

征夷使の赴任の具体的実情は史料の欠落で細部まではわからないが正月一日弟麻呂が征夷大将軍として節刀を受け、十六日には征夷のことを山階《やましな》・田原両山陵に奉告した。天智・光仁両山陵に当たる。翌日伊勢大神宮に参議大中臣《おおなかとみのもろな》諸魚を勅使として奉幣した。「蝦夷を征せんがためなり」とある。征夷が新都を営む桓武朝にとっていかに皇統にも直接する重要問題だったかが察せられる。ところが、この弟麻呂の節刀を受けたということと、延暦十一年の閏十一月末に「征東大使乙麻呂辞見」とあるのと重複するようであるし、十二年二月の「征夷副使近衛少将坂上田村麻呂辞見」とつづくのとも、軍の出動としては重複することになる。十一年末には多賀城とか、副使の一人で鎮守将軍でもある百済俊哲の国守としての勤務地下野のあたりとかで、幹部会議を行い、征東使から征夷使と名称を変えるような手順を整えてから一度帰京していて、この十三年正月段階であらためてわが国古代史最初の「征夷大将軍」は、直接征夷のために下向したものなのではなかろうかと受け止めることもできる。

なんといってもあの惨敗を味わってからの軍事行動である。慎重の上にも慎重を期したにちがいない。古佐美の軍は「五万二千八百余人」であったが、今回の動員数は史料の関係で直接にはわからない。ただ『日本後紀』弘仁二年（八一一）五月十九日条には回顧した形で「去んぬる延暦十三年の例は、征軍十万、云々」とあり、一七年以前のことでしかないので数字は正確だろうと考えられるから、延暦八年から五年、その二倍の大軍で敗戦の恥辱を雪《そそ》ぎ、国威を揚げようということであったわけである。別にいえば負けることは許されない出兵であった。大将軍一人、副将軍四人、軍監一六人、軍曹五八人の陣容で堂々と押し出したことになる。監と曹の数はこれも弘仁二年にある。ただ八年の五万の動員でも副将軍は四人体制であった。軍防令でいう三軍を惣《す》べるには大将軍一、副将軍四の間には、将軍三が制度づけられているが、両度の出征にはその段階に当たる「将軍」はいない。必勝を義務づけられた一〇万の軍は、十三年の前半に実戦を展開したものと推定できる。

弟麻呂征夷　十三年六月十三日に副将軍坂上田村麻呂が「蝦夷を征す」という『日本紀略』の文が伝わる。残念ながら将軍弟麻呂がどうしたかという動静の記録史料はない。九月二十八日に「幣帛《へいはく》を諸国名神に奉る。新都を遷し及び蝦夷を征せんと欲するを以てなり」とあるので、六月における田村麻呂の「蝦夷を征す」は「征せんとす」なのかもしれない。いずれにしてもこの秋に征夷行動があったことはたしかで、十月二十八日には征夷将軍大伴弟麻呂の奏があって「四百五十七級を斬首し、百五十人を捕虜とし、馬八十五疋を獲《とら》え、七十五処を焼き落とす」と報告している。そして翌年正月二十九日条の『日本紀略』に「征夷大将軍大伴弟麻呂朝見し、節刀を進む」とあり、二月七日に詔があって「征夷大将軍以下に爵級を加う」という措置がとられた。延暦十三年の田村麻呂が副将軍として行われた大伴弟麻呂征夷はこうしてひとまず終ったのである。

延暦十四年の五月に俘囚大伴部阿弖良《あてら》の一族六六人が日向国に配流された。俘囚吉弥侯部真麻呂父子を殺したからだという。どこに住む俘囚か明記はないが陸奥の住人と見るのが妥当であろう。となれば、親中央的な俘囚と反対の立場の俘囚との軋轢《あつれき》が、陸奥において征夷の軍事動乱の間に発した事件であった可能性も強い。そうした社会的影響を南東九州に遠ざけられた俘囚よりももっと直接受けた哀れな人々がいる。十二月末に「軍を逃れし諸国の軍士三百四十人、特に死罪を宥《ゆる》し、陸奥国に配し永く柵戸と為す」ということがあった。『日本紀略』はこれしか抄録していないので詳しい状況はわからないが、このかぎられた情報からだけでも、このたびの軍事行動において敵前逃亡をした兵士がいたこと、そしてそれは他の軍旅のさいにおいても同じだったろうことを語っている。本来強壮な人間は戦陣でもなんということもなく勲功をたてて恩賞を受けるが、肉体か精神かそれともその両者かに欠陥がある者は功績も賞与も得られない。少なくとも劣弱な男のなかから戦場酷しさに耐えかねて脱落する者がでた場合が最も多いのであろう。

天性の軍士には特に適性など問題にする必要もないのだが、強制的に徴兵されて陸奥も北方に動員され、第二次抵抗の決意固い夷軍の前に立たせられた者が、恐怖の果てに逃亡の罪に問われることになることも明らかである。三百数十人のほかにも逃亡者はいたはずである。何しろ一〇万の大軍のなかからなのであるから、柵戸にされたのはこの一団だけではあるまい。強い者は大して苦労でもなく、戦功を飾り故郷に凱旋できるのに、弱いがゆえに辺境に配置されて帰郷することすらできないのである。哀れである。もっと哀れな戦傷者も戦死者も多くいたはずである。それが戦争なのだ。移されたのは敗者の蝦夷だけではない。勝者の一〇万の王師のなかにも彼らのようにいたのである。

八月七日、征夷副将軍でもあった鎮守将軍百済俊哲が死去した。これも戦争の疲れからかもしれない。この年の十一月に出羽にきた最後の渤海使である第十三回の呂定琳《ろていりん》たち六八人が夷地志理波《しりは》村に来航した。漂着したので劫略されたと申し立て、勅によって越後国に移されて恒例の供給を受ける。渤海使にとって出羽海岸が自然の来着地であった。東北行政にとってもそれは重要な外国からの来航であった。だから多賀城碑にも靺鞨《まつかつ》国の位置を刻んだのであるが、それは恵美押勝《えみのおしかつ》政権にとってその外交政策の表われでもあった。だが今や平安朝に入って、渤海との外交は政治・軍事的意味を失って、商取引や文化交流に変化してしまった。「大宰府に来い」という原則論さえ捨てて北陸に客院・客館を営む方向に転じようとしていた。この回までは、自前の航海でくる場合に漂流とまで言訳をしても出羽にきていた渤海側も、相手が求める北陸・山陰など西日本に直航するようになる。もちろんたびたび同伴した日本側の航路や、便乗した日本船の航海で、西日本への航路に慣れ、しかも新羅側との緊張度の変化で西部日本海の航海もより自由になったことも影響しているにちがいない。征夷の対象である地域に渤海使の来着することを朝廷側も好まなかったのかもしれない。

征夷大将軍田村麻呂　延暦十五年正月二十五日に参議従三位坂上田村麻呂は陸奥出羽按察使兼陸奥守になったと『日本逸史』にある。さらに『日本後紀』十月二十七日条に近衛少将従四位下坂上田村麻呂が兼鎮守将軍となり、史料上名の虫食となった誰かが軍監となった。十一月二日に伊治城と玉造塞とは三五里の距離にあり、中間に駅を置いて機急に備えるという策が取られた。田村麻呂体制下の防衛措置といえる。数日後上毛野《かみつけぬの》益成《ますなり》・吉弥侯部《きみこべの》弓取《ゆんとり》・巨勢部《こせべの》楯分《たてわき》・大伴部広椅《ひろより》・尾張大食《おおはみ》に戦功によって外従五位下が授けられた。十三年度戦役の従事者であろう。

さらに民生策も展開された。十一月八日伊勢・参河・相模・近江・丹波・但馬などの国から各二人を陸奥国に遣わし、二年間養蚕を教習させた。実は「蚕」字は虫食で伝わっていないが意義からして誤りはあるまい。さらに二十一日に相模・武蔵・上総・常陸・上野・下野・出羽・越後などの国民九〇〇〇人を発して、陸奥国伊治城に遷置した。これは重大な事実である。それはなんといっても一万人に近い大量の移民であることがまず第一である。九〇〇〇人が独身者だけとは考えられないから一人一戸の九〇〇〇戸という計算にはならない。かりに家族を構成している例が大部分で、それが二〇人の郷戸をそれぞれ形成していたと仮定しても、九郷分に当たる。もし五〇人の郷戸編成というやや非現実的な戸口数の平均を仮定したとしても四郷分になる。これだけの新入者が新開地だけで生活できるとは考えられない。先にも指摘したような従来住民の既耕地を侵害することにならざるをえない。だがこれだけの人数が伊治に入った以上、呰麻呂以来の反政治勢力が押え込まれることになったにはちがいない。やはり田村麻呂の政策の勝利ということにはなるであろう。天平の名将大野東人が六〇〇〇の大軍を一時的作戦とはいえ雄勝郡下に入れて耕種しようとしたことを想起する。

十二月二十八日付太政官符で「屯田《とんでん》の地子《じし》は、今より以後、宜しく町別稲二十束に准じて輸せしむべし」というのが『類聚三代格』にある。氏姓時代の屯倉《みやけ》関係の屯田ではない。鎮兵の食糧を収穫するための田地である。正式には『日本後紀』弘仁三年条によるとその時まで二〇〇町歩であったという。ただこの程度の面積ではその地子は少量にすぎて鎮兵の粮を賄うことはできない。九〇〇〇人はかぎりなく屯田の耕作者に近い存在で、そのゆえにこそ彼らの移住に附接して地子率の変更が行われたのであろう。

呰麻呂の乱以後居住地を去って奥地に遁れ去った人々や、十三年に弟麻呂軍が焼払った七五村の耕地放棄者も少なくなかったはずである。当然そこは荒蕪《こうぶ》地化した元耕地として九〇〇〇人の耕作対象地になったと考えられる。屯田地子の官符のだされた次の日に陸奥国人吉弥侯部善麻呂《よしまろ》ら一二人に上《かみ》毛野陸奥公《つけぬのみちのくのきみ》の氏姓が与えられた。吉弥侯部は、毛野氏にかかわり深い部称であると考えられている。

この段階で上部氏族の氏姓を受けたということは、実質的な上昇転化である。とはいえ「公」という夷姓である。一方つづいて翌年正月十三日白川（河）・曰理《わたり》・黒河（川）・行方《なめかた》・安積《あさか》・富田・小田・遠田・磐瀬《いわせ》各郡の部姓を帯びた人々が、大伴白河連・大伴曰理連・大伴行方連・大伴安積連・大伴山田連・大伴宮城連などと改氏姓したのは、「連」の姓になったのである。しかも広域の陸奥の称だけではなく各地の在地性を明確に表わす豪族の本性をこちらでは正面きって名乗れることになったわけであるから、彼らも戦功と関係がある形でその地位を得たものであろう。

ここでも彼の名将東人が雄勝城を営むために「城を守るは人を以てし、人を存するは食を以てす」ということを考え、「運糧の費を省く」ことを目指したのを思い起こす。東人は一度の作戦で好転を目指したが、田村麻呂は行政と併せた恒常性ある軍政で好転させようとしたのである。少し後になるが十八年三月に富田郡を色麻《しかま》郡に、讃馬《さぬま》郡を新田《にった》郡に、登米《とめ》郡を小田郡にそれぞれ併せて適正規模の郡域を定めたのも、地方統治の安定性を考えての施策だったのであろう。

『日本後紀』延暦十六年二月十五日条に興味のある勅が収められている。文意は「故従三位勲二等坂上大宿禰苅田麻呂と正四位上勲二等道嶋宿禰嶋足らは、天平宝字の歳に、緊急の事件が起こった時、勇を奮って身の危険を顧みずに活躍し、その功績は顕著であった。それで、叙勲の日に勲二等を授け、それに加えて功田二十町を賜い、並びに其の子に伝えさせた。それなのに後に特に嶋足の功田だけを大功に准じ、賜わっている田を世々絶えずに伝えさせることにした。功が既に同等なのに、賞がどうして程度を異にするのだろうか、報賞法として恐らくはよくないことがおころう。宜しくそれ嶋足の功田は、先の勅によって、同等に子に伝える限りとせよ」というのである。子に伝える下功田だったのを、二世に伝える中功田、三世に伝える上功田を超えて、世々不絶で伝える大功田にしたのは称徳天皇と道鏡であろうとするのが、最も可能性の高い推定となるが、理不尽だから本来の勅旨に副って下げもどすというわけである。坂上大宿禰家の権威をもって、こちらも嶋足並みに上げなおすとしないところに、嶋足への偏賞の非常識さがある。別にいえば田村麻呂の権勢もいまだそこまでは高まっていなかったともいえるし、これが桓武朝の政治姿勢なのだともいえる。

だがいずれにしても対東北政策の上で彼の力は不可欠であった。延暦十六年十一月五日に、

従四位下坂上大宿禰田村麻呂を征夷大将軍と為す。副将軍等有り。

という『日本紀略』の文があって、征夷大将軍坂上田村麻呂の史上への登場となる。

征夷の準備　田村麻呂征夷大将軍が実現すると、当然征夷軍の出動があったと考えられやすいので「延暦十六年征夷」のような戦がありそうであるが、それはなかった。延暦十九年（八〇〇）十月二十八日に「征夷副将軍を任ず」と『日本紀略』にあるその時の陣容整備まで、実質的行動はなかったと考えていい。先にもふれた『日本後紀』弘仁二年五月十九日条にも「延暦十三年例」の次にかげるのは「廿年征軍」であるから、この考えは妥当である。その数年間に「田村将軍」のやったことは行政整備だったようである。

延暦十七年六月二十八日の太政官奏が『類聚三代格』にある。

陸奥国の官員を定むるの事

按察使一人　記事一人　守一人　介一人　大掾一人　少掾一人、大目一人　少目二人

博士一人　医師一人　史生五人　守の傔仗二人

右上の件《くだ》りの官員、臣等商量し定むる所右の如し。伏して天裁を聴く。謹みて以て申し聞こえ、謹しみて奏す。

という内容で、その通り聴許されている。後に陸奥出羽按察使といわれるが、やはり陸奥按察使として定員化されていた当然のことがわかるし、同時に出羽についての官奏はなかったようである。

同十八年二月二十一日に陸奥国新田郡の百姓弓削部虎麻呂《ゆげべのとらまろ》と妻丈部小広刀自女《はせつかべのこひろとじめ》らを日向国に流した。理由は、久しく賊地に住み、能く夷語を習い、しばしば謾語《まんご》で夷俘の心を騒動させたからである。十二月十六日に陸奥国から俘囚を土佐に配流した件の言上があった。吉弥侯部黒田と妻吉弥侯部田苅《たかり》女《め》、吉弥侯部都保呂《つぼろ》と妻吉弥侯部留志女《るしめ》を、野心を改めないで賊地に住還したので、身を禁じて送ったというのである。この二つの件は陸奥国の出来事であるから延暦十三年戦役期のことと限定する必要はないが、延暦期に至る宝亀年間からの兵乱期のことであることだけはたしかである。

百姓虎麻呂らの場合は二つの問題点がある。新田郡の住民なのに北方に離脱して賊地に住んだということと、夷語を習得してしばしば根拠なき語で夷俘の心を反国家的に惑わしたということである。俘囚黒田たちの場合も、二つあるといえる。一つは蝦夷から俘囚という階層になっていて、百姓に近

づくところまできていながら、いまだ野心を改めないということである。二つは「賊地に住還す」ということである。文字的には「往還」とも考えられるが、どうも虎麻呂のことと ならべてみると「住」であろう。それなら文法的には「還住」でもよさそうであるが、いずれにしても彼らの場合も内郡に住むべきなのを、故郷の地ともいうべき夷地に還って住み着き、母国語ともいうべき夷語をもって国家の好まない思想形成行動でもしたのであろう。

この二つの件は、弟麻呂征夷段階までのことの結果であるばかりでなく、田村麻呂征夷のための前提であるともいえる。これから平定すべき予定の地が賊地と呼ばれているところであるとすれば、そこに出入りしたり、そこに住んだりして敵対的な風潮を作ったりすることは、田村麻呂の側から見て、きわめて問題ある事柄である。そういう状態はどうしても処理して置かなければならない。よく敵対分子とか不良分子とかといわれる戦時用語の指しているような人々は、殺された場合もあろうが、この二件のように捕えられた形で配流される場合も少なくはないことになる。そしてここで問題になっている夷俘や俘囚は、どちらかといえば田夷の系列に属していると認められるが、山夷に対する策でもこの時期に注目すべきことがあるのである。

『日本後紀』延暦十八年三月八日条に「出羽国の山夷の禄を停めて、山夷田夷を論ぜず、有功の者を簡びて賜う」というどう組み版を造っても一行に納まる短い史文がある。これは実はきわめて重要な意味を持っている。他のところでもふれたように田夷は別のところにも史料があるが、山夷について直接のものは現在これしか伝わらない。すなわち日本古代史上はなはだ貴重な史料である。かつて『蝦夷』（日本古代文化の探究・社会思想社）という本のなかで歴史の分野についての部分を担当したとき、「山夷と田夷」という主題を掲げたが、山夷と田夷とこそは蝦夷の実態を示すものとして、その両側面を示す上で実に象徴的な意味を持つものである。ここでは出羽に陸奥の戦に出動して有功者になった夷がいたわけである。それに賜与のために山夷の禄で処置する財政処理が行われたということである。

『類聚国史』延暦十九年三月一日の条にも出雲国介から言上があるが、そこでは俘囚六十余人が新たに到ったことが記されている。その背景をなす陸奥では、一度反してみたものの生活に窮し、また帰降する夷俘が伊治・玉造の城塞に集まってきて、それに食物を支給のため佃三〇町を用意するというような情況があったが、それは「荒夷を馴順に導く道は威と徳とを施すことにある」という理念によるものである。そしてこれは田村麻呂の東北政策の哲学であったともいえる。同時に一七年間の戦乱によって現地の生産活動が荒廃してしまったことは確かである。

田村麻呂征夷　副将軍を任命した日から週日後の延暦十九年十一月六日の『日本紀略』などに伝わる「征夷大将軍近衛権中将陸奥出羽按察使従四位上兼行陸奥守鎮守将軍坂上大宿禰田村麻呂を遣し、諸国の夷俘を検校せしむ」という史文は古くから注目されてきた。いわゆる田村麻呂の「四職兼帯」を表記している唯一のものだからである。そしてよくいわれているように古代日本において征夷大将軍と按察使と陸奥守と鎮守将軍との、古代東北の地方官要職を、一身に帯びた人物もまぎれもなく田村麻呂ただ一人である。

『日本逸史』や『公卿補任』によると延暦二十年（八〇一）閏正月二十六日に注目に値する文室綿《ふんやのわた》麻呂《まろ》が出羽権守に就任する人事があった。すでに前章2に言及した権官就任であった。もちろん出羽権守の上司たる按察使は田村麻呂である。しかも史料上延暦に登場する大伴家持・多治比宇美・同浜成までの按察使は「陸奥按察使」であって、養老五年（七二一）に出羽を陸奥按察使に属させて以来、実質的に陸奥按察使が出羽国に所轄権を持っていたとはしても、呼称は陸奥按察使と記されている。ところが延暦十九年の田村麻呂は、明確に「陸奥出羽按察使」と表記されている（『日本後紀』）のである。出羽にかかわる按察使の直接性が名実ともに一層強まったことは疑いがない。そのもとで出羽権守のはたす役割の意味も自ら明らかになる。田村麻呂の次の藤原緒嗣《おつぐ》もその次の文室綿麻呂も、もうこれ以後は皆が陸奥出羽按察使ということになるのにも、田村麻呂の存在は画期的な意味を見せている。

そして二月十四日は「征夷大将軍坂上田村麻呂節刀を賜う」と『日本紀略』にあり、つづいて九月二十七日「征夷大将軍坂上宿禰田村麻呂等言す。臣聞く、云々、夷賊を討伏せり」。またつづいて十月二十八日「征夷大将軍坂上田村麻呂節刀を進む」とある。田村麻呂に宿禰だけで「大」字はないが征夷の行われたことがわかる。史料の散逸がその具体的状況を伝えてくれないのが従来も難点とされてきた。ただ同じく十一月七日の条に宣命体の詔が伝えられていて「陸奥国の蝦夷等、代を歴《へ》、時を渉《わた》りて辺境を侵し乱し、百姓を殺略せり。是を以て従四位上坂上田村麻呂大宿禰等を遣して、伐ち平らげ掃き治めしむるに、云々、田村麻呂に従三位を授け、已下にも位を授く」とある。詳しい数的内容は不明ながら、いわゆる戦果はあがったことがわかる。

延暦二十一年になると、『日本紀略』などによるとまず正月七日に征夷将軍がその霊験について奏上したことで、陸奥国の三神の位階が加えられているし、八日には征夷軍監以下軍士以上の位勲も加えられている。そして九日には坂上田村麻呂が「造陸奥国胆沢城使」として派遣された。戦果にもとづいて胆沢の地を行政的にも安定させるための軍事政策が講じられるのである。二日後の勅では「官軍薄伐し、地を闢《ひら》くこと曠遠《こうえん》なり。宜しく駿河・甲斐・相模・武蔵・上総・下総・常陸・信濃・上野・下野などの国の浪人四〇〇〇人を発して、陸奥国胆沢城に配すべし」といわれている。古佐美段階の大惨敗とは逆の状況が田村麻呂段階の今、岩手県内の南部に当たる胆沢の地に現出していたのである。北上川と支流の胆沢川の合流地点の南に胆沢城は築れたのである。

四月十五日に「造陸奥国胆沢城使陸奥出羽按察使従三位坂上大宿禰田村麻呂等言《もう》す、夷大墓公阿《おおつかのきみあ》弖利為《てり(る)い》・盤具公母礼《いわとものきみもれ》等種類五百余人を率いて降る」とあるのは、この築城が古佐美との戦の段階に勇者として輝いた阿弖利（流）為たちの領域に、軍事拠点を形とてし造成することによって、彼らの戦う心にも巨大な鉄槌を打ちおろす結果になったことを示すものである。古佐美軍にも、弟麻呂軍にも、また田村麻呂軍にも、阿弖流為たちの領域は「薄伐」を受けて荒廃を招く宿命を持ち、彼らの強さでもそれを変えることはできなかったのである。

しかも時の推移とともに戦場は北になる。胆沢の賊といわれて伊治郡やその線の辺郡が戦場であった時の、遊撃隊が南下侵入して奇襲する形の戦では、失う危険性があるのは戦士と武器などだけであるが、しだいに領域内に攻め込まれることになると、古佐美の軍には勝ったとはいえ居住地も住居も焼かれ荒された。これは古佐美との戦いの時だけではなくその後の衝突でも繰り返されたのである。生産活動も停滞し、労働力は低下し、それを基盤にした戦闘力も弱化したのである。南方で内応していた夷俘や百姓の抵抗も、弟麻呂段階以後積極的に行われた移配政策や処罰によってその行動はあとを絶つことになったであろう。なによりも致命的なことは指導者以下の老齢化である。

阿弖流為や母礼の年齢が幾歳であるかは不明であるが、そう若いとは思えない。第二次抵抗の指導者や戦士たちは独立の回復の目標を掲げ、若さをもって勇戦したが、二〇年以上も戦いつづけたにもかかわらずしだいに押されてしまった。近辺には何千人もの移民が強制移住させられてきて生活基盤を固めつつある。若者世代では、その新来の生活や物質文明に憧憬《しょうけい》をいだく者も多かったろうし、移住してきた異性と結ばれた例もあろう。そうなれば厭戦気分が充満してくる。阿弖流為らにしても、これだけ戦っても結局胆沢城が建てられることになった。工事は着々と眼の前で進展している。自分たちの尊厳が貫かれるなら妥協する潮時ではないかと考え、皆がばらばらに分割細断されてしまい踏みしだかれてしまうよりは、自分たちの同一性認識の可能な実態を保有しておく方がよいと判断して、律令制支配体制と共存協調することを選択したのであろう。

そしてそれこそ本書の標題に直結する史実なのである。かかる領袖たちの決意は、その律令国家の出先機関というか、現地権力の象徴的存在というかが坂上田村麻呂であることによってもたらされたことも推察に難くない。端的に言えば阿弖流為たちは田村将軍を信頼できる人物と評価したことでこの決意が生まれたのであろうということである。

名将の面影　実際には阿弖流為や母礼が田村麻呂をどういう評価をしたかという言辞などの史料はないが、信じなければともに上洛をしたりはしなかったであろうから、行動が雄弁にそれを物語っている。そして第一章の冒頭でものべたように田村将軍伝説は東北にもきわめて多い。その形成の原拠になったものは『薨伝』や『田邑麻呂伝記』である。『日本後紀』弘仁二年五月二十三日条には大納言正三位兼右近衛大将兵部卿坂上大宿禰田村麻呂が薨じたとあって「赤面黄鬚《せきめんこうしゅ》にして、勇力人に過ぐ、将帥《しょうすい》の量あり、帝、壮《そう》として、延暦二十三年征夷大将軍に拝し、功を以て従三位に叙す。但し往還《おうかん》の間、従う者限り無く、人馬給し難く、累路費するところ多し。大同五年大納言に転じ、右近衛大将を兼ぬ。頻《しきり》に辺兵に将となり、出ずる毎に功有り、寛容士を待《たい》し、能く死力を得つ。粟田《あわた》の別業に薨じ、従二位を贈らる。時に年五十四」と記される。赤面で黄鬚という容貌と勇力の抜群さ、桓武天皇が高く評価した将帥の器としての大きさ、それが彼が東北に赴任することの基本因である。

その任務のなかで「出ずる毎に功有り」と謳われる成果をあげたのであるが、それには「寛容で軍士を待遇した」ということで、彼のために部下将士が死力をつくすような成果を得たというのである。この寛容というのは、『田邑麻呂伝記』に大将軍は身のたけ五尺八寸で胸の厚さ一尺二寸という偉丈夫ぶりを書いてあるが、さらに「目は蒼鷹《そうよう》の眸《ひとみ》を写し、鬢《びん》は黄金の縷《る》を繋ぎ、重ければ則ち二百一斤、軽ければ則ち六十四斤、動静は機に合い軽重は意に任す」と身体的な非凡さと、卓越した能力とを謳っている。猛禽のなかでも眼の内を注目される蒼鷹を引合に出されるあたり、彼の眼光の鋭さが評判だったのであろう。

さらにつづけて『田邑麻呂伝記』に「怒りて眼を廻《めぐ》らせば、猛獣も忽ちに斃《たお》れ」という強さと、「咲《わら》いて眉を舒《ゆる》めば、稚子《わくご》も早《たちまち》に懐《なつ》く。丹款《たんかん》面に顕《あら》われ、桃花《とうか》春ならずして常に紅《くれない》」と表現される温雅・柔和さは、先の『薨伝』の寛容さとも通じている。これらをすべて総括すると「将帥の量あり」ということになる。『日本後紀』も『田邑麻呂伝記』と彼についての同時代史料である。もちろん伝記は所伝のように嵯峨天皇の宸章ではないかもしれないが、『日本後紀』とともに平安朝の近い時期の文献であることは疑いがあるまい。そこに広寛な人間性を持っていたことが記されていた。多分は清水寺を建てたり、達谷窟《たっこくのいわや》の西光寺を建てたといわれたりする、深い仏法信仰に支えられていたのである。

この彼の武将としての強さと人間としての豊かさが、彼に対する現地側の豪族の受け止め方にも大きく影響したと考えられる。古佐美に勝ったときには、憎しみと軽侮の念を持ったかもしれない彼らが、田村麻呂には畏懼と尊敬の念を持つことになったのであろう。もうかなわないという諦感を持った時、妥協の相手として彼なら信ずることができるという判断になったのであろう。絶対的に信じると考えなかったとしても、今までの将軍たちにくらべて信頼度が高いし、彼の後任として下向してくる人物の方が信じうるという可能性も少ない。それならこの力量ある将軍と握手しようとしたものであろう。多分田村麻呂を遣している朝廷側も、彼以上の将軍を当分派遣できる目算も立ってはいない。この状況下で阿弖流為を先頭とする年来の抵抗勢力を屈服させることができるとしたら、あるいは少なくとも軟化させることができるとしたら、十分に国策として承認できることであった。「帝、壮とす」という表現はそれを象徴した句である。

だから「将帥の量有り」とされた彼は、伝記に「勝を千里の外に決し武芸代《よ》に称せられ、勇身人に踰《こ》え、辺塞《へんさい》に武を閃《ひらめ》かす」と集約される成果をあげえたのであり、そのような田村麻呂なればこそ、この切札は双方にとって最高の結び目の役割をはたしえたのである。だが、阿弖流為の側でも将軍になるべき他の人物と比較しての尊重であったように、朝廷の側でもやはり彼を絶対視していたわけではなく、他の役職者との比較による評価であった。彼が最高全能だったわけではなかった。だから結局阿弖流為に対する田村麻呂の対応論理も公卿僉議《せんぎ》が採択しないかぎり、いかんともしがたいことになる。

ではあっても、出羽についても綿麻呂を権守としたことだけではなく彼は多くの業績を残した。置賜郡のお玉桜や秋田郡の将軍野地名などの伝説や説話だけのことではない。彼が造志波城《しわじょう》使でもあった『日本後紀』延暦二十三年十一月二十二日条には秋田城を停《や》めて秋田郡としたことが記録される。

「土人浪人を論せず、彼の城に住む者を以て編附」して郡民としたのである。陸奥で伊治城に九〇〇〇人を移住させたのとは少なからず異なっていて、移住してきた人も浮浪してきた人も含まれている秋田城下の住民を郡民としたわけであるが、日本海側の令制国政の重要基点となっている秋田城に一つの性格変転を与えたのは、時の東北最高官人としての彼であったわけである。秋田出羽柵が天平五年（七三三）に北進した一因は渤海使来航への対応にあったと考える著者の立場からすれば、その初めの段階に機能の充実整備を推進したのは大野東人按察使・鎮守将軍であり、それが天平宝字三年（七五九）から四年のころに、秋田城に高めたのは藤原恵美朝猟按察使・鎮守将軍であり、その城制を郡制にあらためたのは坂上田村麻呂按察使・征夷大将軍であったことに心惹《ひ》かれる。

朝猟のころは、父押勝の政権が新羅に対しての過度なまでの積極策を推進中であった。そのために渤海との軍事提携も視野に置いての親密厚遇展開期であった。もちろん渤海使は出羽に来着するのが常であった。しかるに延暦十四年を最後に出羽には来着しなくなった。それは先にもふれたように軍事外交性よりも「商旅」といわれるほどの、文化性を持った経済交流使節に変質してしまい、日本側自身も大宰府にこいという建前を捨てて北陸に来着させることになったのが、この延暦後期であったからである。この秋田城が郡になったこの延暦二十三年こそ、能登に渤海使のための客院を造営することが決められる年だったことも、秋田城が北の海みちによる日渤交渉にはたしていた役割を裏書きしているのである。田村麻呂は大勢の動きを見て定めたのである。

『日本三代実録』仁和三年（八八七）五月二十日の条に、これより先に出羽守坂上茂樹《しげき》の上言があったことを記し、そのなかには出羽郡井口の地にある国府ついて「延暦年中、陸奥守従五位上小野朝臣岑守《みねもり》、大将軍従三位坂上大宿禰田村麻呂の論奏に拠って建つる所なり」とのべている。これはもし城輪柵《きのわのさく》の国府なら、延暦というのは正確でないかもしれない。それにもかかわらずこのような伝えが国守の正式な上言に入っていることは、平安期において、出羽国政についてもいかに田村将軍の存在を高く大きく位置づけていたかがわかるのである。それは単に茂樹が祖父田村麻呂に対しての崇祖の心情だけの言辞だったなどとは考えられない。田村将軍は外交をも見通した国政の大勢のなかにおいて東北の行政軍政も展開していたわけである。

征戦と神々　東北には田村将軍の創祀したと伝える神社が多い。移民集団の鎮守神などならそれもあろう。前々項で征夷将軍の奏で陸奥国の三神に加階されたことをのべた。実は兵事は国家的な大事であるから、征夷の軍を動かすときや終戦したときに、伊勢神宮や山陵に報告するというようなことは普通に見られることで、本書でも折にふれて史料を紹介しておいたけれども、陸奥国の神と明示している箇条はそう多くはない。この延暦二十一年の件も『日本紀略』や『日本逸史』で伝わっているせいもあって三神の名称はないので、個々の具体的神名は定かではないが、必ずしも戦場に近い胆沢地方の神ではないかもしれない。それはあの呰麻呂《あざまろ》の乱のさいに、敵に包まれた鎮守副将軍百済俊哲が神力によって囲《かこ》みを解くことができたとして幣社《へいしゃ》に預ることを許された一一社は、「桃生・白河等郡神」であった。桃生と白河両郡とはないから鎮座範囲もどこまでになるのか定かではない。この例からしても田村麻呂段階の三神は、南は白河や磐城から北は胆沢や登米《とめ》までの諸郡のどこにでも鎮座の可能性がある。

　ところで、いわば征夷戦後ではあるがまだ彼が征夷大将軍であり按察使・陸奥守であった大同元年(八〇六)の「神事諸家封戸」という牒がある。この「神封部」の合計四八七六戸の封戸の列挙のなかから東北の両国の分は『蝦夷史料』(東北大学東北文化研究会・吉川弘文館)のなかにも収録されているが、京から西海道の諸国や多称《たね》島までの序列のなかで、若狭国の「若狭比古《わかさひこ》神」と大和・播万(磨)・遠江三国に鎮座の「多《おお》神」との間に、陸奥国の「鹿嶋神・二戸、伊波刀和気《いわとわけ》神・二戸、白河神・二戸、苅田《かつた》神・二戸、伊具波夜別《いぐはやわけ》神・二戸」出羽国「月山《つきやま》神・二戸」(『新抄格勅符抄』)という記述になっている。これらの神を『延喜式』のいわゆる神名帳で対応的に見ると、鹿嶋神は伊都乃比《いつのひ》気《け》・緒名太《おなた》・天足和気《あまたりわけ》・御児《みこ》などの付加された称を伴う各社が諸郡に鎮座するが、鹿嶋単称の神社は信夫・磐城二郡にしかなく、福島県浜通の神社と考えるのが妥当であろう。伊波刀和気神は神名帳では伊波止和気と記され、白河神とともに白河郡に鎮座する。苅田神は神名帳の苅田嶺《みね》神と同神であろうから苅田郡に、伊具波夜別神の名は神名帳にはないが伊具郡に鎮座するものと考えられる。月山神は神名帳では出羽国飽海《あくみ》郡鎮座であるが、これは国府に近く、鳥海山《ちょうかいさん》の大物忌《おおものいみ》神と合祀されている状態での登録であって、もともとは田川《たがわ》郡の月山《がっさん》の神である。要するに広く各郡の地主神ともいうべき神々が国家の祭祀を受けているわけである。

延暦九年に官社に列した石神山精《いわかみやまずみ》社は黒川郡にあった。紀古佐美の戦役の戦地よりは南である。戦線の南において征討軍を支えている地域の神々の助けがないかぎり目的は達しえない。それゆえ陸奥の広い範囲に鎮座する神々を国家の側では崇敬したのであろう。神名帳で見ても明らかなように、日本の神々はその土地の伝統の神であることが一般的である。東北の地主の神は当然もともと原住の人々の神である。その神は日本古代国家が国策的に崇敬する以前からのいわば蝦夷の神としても地域の信仰界に君臨していたのである。そのような現地の神を、すでに七世紀半ばに阿倍比羅夫は五色の綵帛を船一隻とともに供える大和流の祭祀で奉斎している（『日本書紀』）のである。だから国側はおそらく氏姓時代から現地を政治支配するに当たっては、現地の神信仰を尊重するようにしていたものと推定できる。このように国家側が蝦夷側の神を崇敬することは、先に第三章2で注目した蝦夷側の仏教信仰の受容と相い対しどこか通じているところがある。

戦闘が軍事的には敵対していながら、信仰文化というものについては相手のものをも受容するというのが、世界史の実態なのだといえる。大きな人類文化の流れとしては戦争もまた交流を進めるものなのである。ことにここで取り上げている国家側と蝦夷側との神仏信仰のいわば乗り入れ関係のことは、もともと蝦夷と呼ばれた人々の神信仰が、いわゆる大和の人々の神信仰と本質的に異なるところがなかったからである。古来「異類」とされてきた蝦夷の信ずるものなどが大和の神と同じであるなどとは思いがたかったのであろう。それは旧時代のことだけではなく近代神道史研究の上でも、大和の神は弥生時代以来の神で、蝦夷の神は縄文までの原始信仰の継続するものであるとされてきた傾向がある。いな傾向ではなくそれが本流であり主流であったのである。しかしこれは決して不動の真理ではない。さきの神名帳を見れば日本中の神々の自然崇拝に発するもののいかに多いかがわかる。大和の神も蝦夷の神も本質的には抵抗なくお互いに信じ合えるものであったにちがいない。

たしかに六国史に記録されるところでは、延暦十五年（七九六）十月二十七日近衛少将田村麻呂が兼鎮守将軍に任じられた同じ日に、陸奥国多賀《たが》神に従五位下を奉授した（『日本後紀』）とか、貞観七年（八六五）二月二十七日に、出羽国正六位上城輪《きのわ》神と高泉《たかしみず》神をならんで従五位下に進めた（『三代実録』）とかというように、多賀国府・鎮守府や出羽国府の城輪柵の所在地と秋田城の所在地高泉（高清水）との地主の神が昇位するのが目を惹《ひ》くけれども、博捜すればいたるところの神々がその対象となっている。いかに東北の広い範囲の土地の神が日本古代国家の崇敬の対象となっているかがわかる。

しかもさきの大同元年の牒はもう一つ重要なことを示している。鹿嶋神に封戸が進められたのは延暦元年五月二十四日、伊波刀和気神に進められたのは宝亀四年九月、白河神には宝亀四年十月二十日、苅田神に進められたのは不記載、伊具波夜別神に進められたのは「同日」とあるので宝亀四年十月二十日、月山神に進められたのも同日であることを記録している。ちょうど第二次抵抗の気が高まってきていた宝亀の段階からこの動向が生じてきたものであることを示しているし、延暦期にそのことが記録されているのも単なる偶然ではないもののように見える。征夷の戦いという古代国家の重大事業について、蝦夷の国の神々のことは重要な注目点であると考えられる。東北地方の古社のなかには大同の創建という縁起をもつものが少なくない。あるいは古くからの伝承が作用しているのかもしれない。

京洛に清水寺を開基したことで知られる崇仏家の田村麻呂と、東北の寺院が結びついた縁起をもつことならば不思議はないが、神社については、さきにのべた柵戸など移民集団が故郷から勧請した神でもなければあまり妥当性はない。そして史料も田村麻呂の敬神を示すものはあるが、勧請などということを示す史料は六国史などにはない。だが、田村将軍敬慕が移民層だけではなく東北の人々に強く存在し、後世にもそれが増幅再生産されていくうちに、心の基底にある信仰文化についてまで、将軍の指導性を伝承のなかに組み込むことになったのであろう。

巨星落つ　延暦二十一年四月十五日に「造陸奥国胆沢城使陸奥出羽按察使従三位坂上大宿禰田村麻呂等言す。夷大墓公阿弖利為、盤具公母礼等種類五百余人を率いて降る。と」とあったことが先にも

本郷
吉川弘文館
本郷
吉川弘文館
本郷
吉川弘文館

言及した『類聚国史』などによって知られる。これが「巨魁降伏」として注目されるところであるが、蝦夷現地勢の抵抗勢力からすれば正しく阿弖流為らは崇敬すべき巨星である。この人々が輝くとき抵抗独立の光が見え、この人々が戈を納めたとき独立の夢は消えるのである。五〇〇人が雑兵とは考えられない。阿弖流為が主賊帥、母礼が副賊帥なら五〇〇人は幹部だったのであろう。国家軍にも隊正も火長も伍長もあったわけで、幹部といってもそれが校尉《こうい》や旅帥《りょすい》級でなければならないということにはならない。そしてしかも彼らは夷といわれる人々の村落生活の指導者であったはずである。彼らの帰順は田村麻呂にとっても政府にとっても歓迎すべき大きな出来事であった。『日本紀略』によると八〇日余り後の七月十日に母礼も大墓公と一括された形で「造陸奥国胆沢城使田村麻呂来たる。夷大墓公二人並びに従う」という国史の記述があった。それに応ずるように七月二十五日には百官表を捧げて蝦夷を平げたことを賀したほどである。だが事はこの後そう平穏な展開を見せなかった。

延暦二十一年八月十三日のことである。『日本紀略』によると「夷大墓公阿弖利為、盤具公母礼等を斬る」というはなはだ衝撃的な主文の後に説明がつづく。この二虜はともに奥地の賊首であるとの説明があり、二人を斬ることになったときに将軍は「此の度は願に任せて、故郷に返し入れて、残りの抵抗勢力にも安心して投降の出来るようにした方がよい」という意見を出したが、公卿僉議は形式論にこだわり「彼らは野性獣心で抵抗し反覆定まりがない。今回朝威によってやっとこの梟帥《きょうすい》を獲たのを、もしも縦《ほしいまま》の申請に依って奥地に放《ゆる》し還すのは、いわゆる虎を養って患《わざわい》を遺《のこ》すようなものだ」といって、すなわち二人を捉えて河内国杜山《もりやま》で斬ったという経緯が語られている。杜山は伝える史料によっては植山とか椙山とかともあり、現在地名のどこに当たるかは明確ではない。

東北事情に詳しい将軍は、阿弖流為たちがどのようにして帰順してきたのかをよく知っているのであるから、それを東北に帰し、彼らの統率力でむしろ部分的には間接統治する方が適当であると判断したわけであるが、将軍は彼らと上洛をともにする間にも彼らの人柄や人間力を十分に知ったことであろう。胆沢城を築いた以上在地の卓越した実力者の協力を期待するのは自然のことである。

だが一方公卿たちにしてみれば、宝亀以来のあの苦戦を強いられた相手の賊帥であることになり、「恨み骨髄に徹する」相手であった。折角向うから降伏してきたというのに、この好機に除去せずに、後患の虞《おそ》れがあると公卿たちが感じている相手を黙って北に帰すことは、文字通り虎を野に放つようなものだと考えたとしても不思議はないかもしれない。それにしても、名将にも朝廷の廟 議《びょうぎ》の壁を突破することは、律令制国家機構下においては不可能事だったわけで致し方なかったであろう。殺された二人もきっとこの越えがたい体制は理解していたであろうから、田村麻呂を恨むよりは公卿を恨んだにちがいない。いや公卿たちをも恨まなかったかもしれない。

一つの蝦夷政権ともいえる地域勢力の主帥と副帥に当たる彼らが、まったくの楽観主義で上洛したとは考えられず、多分交渉であるという建前論とは別に、若しも一歩間違えばあるいは生きて帰郷はかなわない場合も生じるであろうという、内心の囁きを止むこともなく聴きつづけていたにちがいない。「やっぱりこうなったのか」と一つの覚悟の死を迎えたことであろうが、この名将の紐帯《ちゅうたい》を頼りにしても、国の寛恕を獲得できなかったことで心を冷くしたことも疑いがあるまい。もどらなかった二人の心はたしかめられないが、この後の奥地の動静を考え合せると、推察にかたくない。

田村麻呂は彼らが死んだ半年後に胆沢のさらに北に志波城を築かなければならなかったことが、情況を雄弁に物語っている。『日本紀略』延暦二十二年の三月六日条に「是の日、造志波城使従三位行近衛中将坂上田村麻呂辞見。彩帛五十疋・綿三百屯を賜う」という記述がある。盛岡市教育委員会の発掘調査によって確かめられたように、築地上に約六〇メートル毎に櫓を設ける軍事性の強い構えの志波城の地は、現在の盛岡市雫石川ぞいに当たる。結果として胆沢を中心とした地区の指導者が消去された現地の不満と不穏が強まったので、宝亀以来のもう一つの抵抗中心「志波村の賊」の地に拠点を据えようとしたわけである。

だが目的は必ずしも達成できなかった。田村麻呂が薨《こう》ずるまでの間に、大同元年（八〇六）にもなお征夷大将軍兼按察使の任にあったから、大同三年に征戦否定論者の藤原緒嗣が按察使になるまでは、東北の最高官の地位にあったわけであるが、結局十数年間の田村麻呂が直接行った東北政策は彼の努力と誠意にもかかわらず陸奥の安定を簡単には確立しなかった。さらに緒嗣の柔軟策もまた彼らの国家に対してふたたび抱いた不信感を拭い去ることはできなかった。田村麻呂薨去の年に、あの腹心の部下ともいうべき文室綿麻呂の征夷がすぐ繰り返されることにならざるをえなかったのである。

東北が耕土として広大で、珍しい産物が豊富であることは、今まで見てきたとおり都の常識であった。しかし十世紀初頭であっても三善清行の名文に「辺民愚朴にして、告訴を知ることなし。唯其の求めに随《したが》い、煩費を言わず」（『藤原保則伝』）と表現されるようなこの地を豪吏などが見捨てるはずもなく、国家の政治・経済の見地からも、やっかいだから切り捨ててしまおうなどと考えることにはならない。やがて平泉に結集された東北の文化などの京都性を見るまでもなく、東北にとっても、どのような軋轢があり、軍事的紛争を生ずるようなことがあっても、東アジアの世界史的環境のなかで、日本古代国家の外に隔絶した生活文化を営みつづけるというようなことも、現実問題としてはありえなかったのである。将軍と領袖はその歴史の実態を表徴している二人であるかのようである。

おわりに

綿麻呂が自画自讃をし、政府もそれを認めて、宝亀以来の第二次抵抗は弘仁二年で終ったということになってから、史料の上で大きな「東北征夷」という軍事行動はない。だが鎮守策が、秋田城司良《よし》岑《みねのちかし》近《ちか》（著《なり》）などの可《か》斂誅求《れんちゅうきゅう》となれば、元慶二年（八七八）の秋田城下俘囚の独立を標榜とする乱となり、坂東に平将門《たいらのまさかど》のような勢力が台頭すれば、天慶二年（九三九）呼応したかのように同じような秋田城で俘囚の乱となる。たびごとに政府はいわば征夷を復活反復することになる。

それは、第二次抵抗の精神が現地側になくなることはなかったということを意味するとともに、東北が自律的に強く整うことを国家中央の政権が好まず、否認し、さらには怖れていたことを意味するようでもある。それは延暦二十一年（八〇二）に阿弖流為を目の前にした桓武朝の公卿たちの意識とまったく同質のままであったのである。前九年の役も、後三年の役も、そして源頼朝の奥入もこのようにして繰り返された古代東北史の悲劇と哀愁の織りなしであった。

本書は「田村麻呂と阿弖流為」を主題とした。しかしながら、単なる二人の人物伝だけでは、歴史の本質も展開も描くことはできないであろう。編集部の助言もあって「古代国家と東北」という副題を附すことにしたが、古代東北に大きな足跡を印した将軍と領袖の二人を正面において、その背景であり基盤である律令時代の国家と東北の、切り離なしえない歴史を、重復描写をしながらもしかるべく辿《たど》ることができたのではないかと考えている。

〔附記〕『続日本紀』の「阿弖流為」、『日本後紀』による『日本紀略』の「阿弖利為」は文字表記が異なるので、別人ではないかとの疑問をいだかれる向きもあるかもしれないが、夷語というものの聴き取りと漢字を音標文字として表記することについて、国史の資料になった記録や文書を作成した吏僚によってある種の幅のあったことは、国家行政と蝦夷との現地接触が活発になった斉明紀の記述の、「津刈」(元年七月十一日)と「津軽」(四年四月)、「齶田」(四年四月)と「飽田」(五年三月是月)という地名表記や、「沙尼具那」と「沙奈具那」(ともに四年七月四日)の人名表記のように、早くから類例のあるところである。「流」と「利」の差異も、延暦年代の関係者にとって、根本的な問題ではなかったのだろうと認められる。

(平成七年四月)

『田村麻呂と阿弖流為』の周辺を語る

新野直吉

阿弖流為を主題に一書を求められた時、想起したのは『古代東北史の人々』(吉川弘文館・昭和五十三)刊行時のことであった。

出版七〇日後、井上秀雄氏を先達に関晃氏などと現地合流し韓国に古碑文調査研究に出かけていた。当時同国に出張滞在中の西谷正氏に世話になったり、院生時代の田中俊明氏が前・中期二〇日間は一緒だったりで、充実して楽しい成果を得て帰った。ところがである、留守居の妻はこころ穏やかならずであった。読者から「田舎者！蝦夷の子孫！朝敵！」などと連ね激しく非難する無署名の郵便が来て、留守が長期なので代って開封し大ショックを受けていたからである。

怒りは、阿弖流為の心情について理解を示した叙述への反撥であったが、一六年を経て、世間の阿弖流為観が変化して来たのだと受け止めて、もちろん二つ返事で執筆を受諾した。

編集担当の方に、阿弖流為だけでは史料が微少なので、対極に自分でも尋常小学校の「国史」の授業以来馴染《なじみ》のある田村麻呂将軍を配した、『田村麻呂と阿弖流為』にしたいと応答した。「おわりに」

の通り副題も附いた。

すぐ引き受けたのは、『古代東北の開拓』（塙書房〈塙選書〉・昭和四十四）に将軍の意見具申も排して「何故にこの二人（注・阿弖流為ら）にかくも酷しく対処したのであろうか」と書いた段階からの関心であった。さらには『古代東北の覇者』（中央公論社〈中公新書〉・昭和四十九）では、「田村麻呂ほどの人物」を介しての中央に対する二人の心情に、踏み込んだ叙述もしていたのみらず、件《くだん》の『古代東北史の人々』の読者の中からも、後に工業大学の教授になる科学技術者の人から「東北人として誇りと勇気が湧いた」という便りを受け取るような例もあったので、入念な史料分析をした一書を書く意義を感じたからである。

また一方、斬られることになって「故国の人々に〈独立を貫け。自分に忠実に生きろ〉と呼びかけたに違いない」と書き、「五百人もの戦士をもって側近を固める形で帰順」し「和睦」の立場で「京都に上った」と、『古代東北史の人々』で考察した。それについて、著者が現地に詳しい岩手大学教授である、髙橋崇『坂上田村麻呂 新稿版』（吉川弘文館〈人物叢書〉・昭和六十一）で、「進退きわまった阿弖流為」であって、「平和的講和」の「申し入れ」をしたとかという「いわば郷土愛的な発言」などには「慎重でありたいと願う」という、名指しはないが批判も受けていた。

批判から三年目の『古代東北の兵乱』（吉川弘文館〈日本歴史叢書〉・平成元）でも、『類聚国史』延暦二十一年四月十五日条に基いて、田村麻呂と阿弖流為等の双方の理解という史実を明確にすべく、

「敗残兵が、統制もなく降伏したものでもなければ、罪人として引き出されたものでもない」「単なる反抗反乱の罪人として扱われるならその場で斬刑に処せられたであろうし、……尾羽《おは》打ち枯らした降伏なら俘囚《ふしゅう》として西国に移されるだけで、田村麻呂と上洛して挨拶する必要もなかったであろう。帰順しても〈公〉などという夷姓を称させられるようなことも有り得なかったであろう」「将軍は二人を刑死に当たる人物だとはしないのみか、公卿たちにも彼らの放還すべき人物に当たることを主張していることを見れば、むしろ胆沢《いさわ》城の地において国側への協力的活躍を期待していたことが知られる」と述べ、単に情緒に偏《かたよ》る発言などでないと述べておいたが、さらに冷静に史料分析した著述の好機を与えられたと受け止めたのである。

平成六年（一九九四）八月十日本書は刊行された。店頭には日付より早く出たのであろう、八月六日付で吹田市在住「関西胆江同郷会」の高橋敏男会長から、「アテルイ、モレの顕彰碑を田村麻呂開基の清水寺境内に建立することになり、本年十一月六日除幕式を挙行すべく着々準備」中に「著書がタイミング良く出版されて喜んでおり」「新聞広告で知り、早速二冊を買い求め一冊は清水寺に寄贈」という手紙と、会長自らの五月刊行の『ああ、アテルイ』の著作が届き、偶然さに吃驚《びっくり》した。

書き始めた身としては、研究室とは違い何となく気忙《きぜわ》しい学長室も、二期目に入って幾らか時間も見つけられる余裕が得られ、然るべき期間の中で書き終えることができた。初秋のある昼さがり、その室を秋田魁《さきがけ》新報社長が、数冊の本書を携えて来訪、各冊に著者サインを求められた。近日会議で京都に赴く由で、京都新聞の社長がこの主題に関心が深いので、手土産にするのだと語られた。その時の当方の判断では社長間の個人趣味的な関心に依る贈物と理解していた。ところが十一月七日付の『岩手日報』に、前日の清水寺境内の阿弖流為らの碑建立の行事が報ぜられた。それに依ると、岩手県副知事・水沢市長以下の岩手関係者と、清水寺貫主・京都新聞社長、また仙台の河北新報社主など、二百数十人が除幕式に参列したというのであり、贈られた京都新聞社長は建碑に積極的立場にあったことを知った。その『京都新聞』は七日付で「地元では五年程前」から動きがあり、関西胆江同郷会から清水寺に建碑のことを申し出て、了承されていた旨を報じていた。

高橋会長からはその後、平成六年十一月十六日の『清水』第一一八号誌（清水寺）、七年三月刊の『北天の雄阿弖流為・母禮之碑建立記念誌平安建都一二〇〇年』をはじめ、それぞれの都度情報が齎《もたら》された。

五年ほど前から動きのあったという地元岩手県では、七年二月四日に、「延暦八年の会」と「岩手県水沢地方振興局」主催の「アテルイ・ライブラリー記念講演会」が開かれ、それに「阿弖流為と田村麻呂」の題で出講を求められた。題目は書名とは逆順であったが引き受けた。

七年八月三日、京都東山の音羽山清水寺で、「田村麻呂と阿弖流為」という書名と同じ題の講義も経験した。「盂蘭盆《うらぼん》法話」という行事で、大正四年（一九一五）八月一日から五日まで行われた「盂蘭盆経講話」の行事を伝承している毎夏の行事で、寺の円通殿を会場に「諸学徳有識の講話」会であるという。なるほどプログラムの著者を除く前後の講師は、東西の仏教関係大学など斯界の碩学《せきがく》の名が連なっており、正に本書著述の余慶であった。

同じ七年の三月には、先師豊田武博士十五年祭の会場で、歴史春秋出版の社長としばらくぶりで同席し、古代東北史の旧著の改稿を求められた。平成八年一月刊のその『新古代東北史』の書中には「神秘の坂将軍と巨星阿弖流為」の章を置き、「斬殺される時阿弖流為は、あの将軍の力をもってしても公卿たちの東北蔑視も夷俘敵視も改めることはできないのだ。これでは現地の一党も国に対する不信感を払い除けることは出来ないだろうと考えたに違いありません」と、本書に通ずる、将軍と領袖の相互理解、それに対する公卿の執論の対立という構図を明確に描いた。

執論が「執着した論」であるにしろ、「重ねた議論」であるにしろ、「名将にも朝廷の廟議の壁を突破することは、律令国家機構下においては不可能事だったわけで致し方なかったであろう。殺された二人もきっとこの越えがたい体制は理解していたであろうから、田村麻呂を恨むよりは公卿を恨んだにちがいない。いや公卿たちをも恨まなかったかもしれない」としながらも、「〈やっぱりこうなったのか〉と一つの覚悟の死を迎えたことであろう」とも述べた。

二人が現地の一党は国への不信感を払拭できないだろうと考えたろうとの判断は、胆沢城築営が済んだばかりなのに、続いて北に城を築くべく延暦二十二年（八〇三）三月に「造志波城使」として赴任せざるを得なかった田村麻呂の姿を想うところから生じた。

実は本書のいう「古代史上」のことだけではなく、高橋会長の『ああ、アテルイ』の「まえがき」は「アテルイは郷土が生んだ偉大なる英雄であり、その復活こそ郷里を離れ関西に住む我々の責務である」と記す。建碑は供養や顕彰に止まらず現代の郷党の悲憤の解決だというのである。先にも触れた河北新報社主もまたアテルイの伝説化した存在と考えられる「悪路王」の首像を昭和五十七年（一九八二）複製し社内にも安置し、「これによってアテルイの精神は千余年を隔てて再びよみがえった」（「われ現代のアテルイたらん」『文芸春秋』昭和五十八年七月号）と宣言していたのである。

井上満郎京都産業大学教授の「阿弖流為と母礼を顕彰することは、戦前の皇国史観による〝国賊〟評価は別としても、たしかに今まで軽視ないし無視されてきた人物を見直すことにつながる。それは胆江同郷会の会員ばかりでなく、東北地域に生きるすべての人々を勇気づけることになるだろう」（前出『碑建立記念誌』）なる学問的評価も存在する。

平成九年度からの複数の中学校社会科教科書にも「蝦夷の指導者」などとして登場し、今世紀になれば秋田県田沢湖町（現・仙北市）の「わらび座」は「アテルイ―北の燿星」なるミュージカルを上演、上田正昭京都大学名誉教授の助言があったとかで著者も意見を求められた。高橋克彦『火怨』を原作とする劇に、「芸術に歴史学から言うことはない」と述べたが、将軍と領袖の友情譚であった。

平成十七年夏、オーラルヒストリーを実施されている伊藤隆東京大学名誉教授から、聞かれ答える機会があった折、「教科書に阿弖流為が登場する背後に貴下がいたとは……」という過評価を受けた。

もちろん違うのであって、当方は教科書に関与するような立場にはなかった。

なお、国譲神話により域外に出ないとされていた諏訪の武力が、『諏訪大明神画詞』で、朝威に限界ある夷地で、帰化渡来系の田村麻呂将軍を援けることで外に出る名目を樹《た》てるべく、「安倍高丸」なる名を設定してまで阿弖流為に当たる存在を明記していることも指摘して置きたい。将軍と領袖はここでも並んでいた。

そういえばちょうど、平成十九年五月十五日付『アテルイ通信』第五二号（アテルイを顕彰する会）には、枚方《ひらかた》市牧野阪公園内に「伝阿弖流為母禮之塚」という清水寺貫主揮毫の生駒石碑が建てられたことを報じていることも、ぜひ附記したい。

〈二〇〇七年八月〉

＊本書は、一九九四年（平成六年）に吉川弘文館より初版第一刷を刊行したものの復刊である。

著者略歴

一九二五年　山形県に生まれる
一九五〇年　東北大学文学部国史学科卒業
秋田大学教授・同学長などを経て
現在　秋田大学名誉教授、秋田県立博物館名誉館長

〔主要著書〕
国造と県主　古代東北の開拓　日本古代地方制度の研究　秋田の歴史　古代東北史の基本的研究　古代東北と渤海使

歴史文化セレクション

田村麻呂と阿弖流為
古代国家と東北

二〇〇七年(平成十九)十月二十日　第一刷発行
二〇一五年(平成二十七)四月　一日　第三刷発行

著　者　新野《にいの》直吉《なおよし》
発行者　吉川道郎
発行所　株式会社　吉川弘文館
郵便番号一一三―〇〇三三
東京都文京区本郷七丁目二番八号
電話〇三―三八一三―九一五一〈代表〉
振替口座〇〇一〇〇―五―二四四番
http://www.yoshikawa-k.co.jp/

印刷＝藤原印刷株式会社
製本＝誠製本株式会社
装幀＝清水良洋

ISBN978-4-642-06340-1

発刊にあたって

悠久《ゆうきゅう》に流れる人類の歴史。その数ある文化遺産のなかで、書物はいつの世においても人びとの生活に潤《うるお》いと希望、そして知と勇気をあたえてきました。この輝かしい文化としての書物は、いろいろな情報手段が混在する現代社会はもとより、さらなる未来の世界においても、特にわれわれが守り育て受け継がなければならない、大切な人類の遺産ではないでしょうか。

文化遺産としての書物。この高邁《こうまい》な理念を目標に、小社は一八五七年(安政四)の創業以来、専《もっぱ》ら日本史を中心とする歴史書の刊行に微力をつくしてまいりました。もちろん、書物はどの分野においても多種多様であり、またそれぞれの使命があります。いつでも購入できるのが望ましいことは他言を要しませんが、おびただしい書籍が濫溢《らんいつ》する現在、その全てを在庫することは容易ではなく、まことに不本意な状況が続いておりました。

このような現況を打破すべく、ここに小社は、書物は文化、良書を読者への信念のもとに、新たに『歴史文化セレクション』を発刊することにいたしました。このシリーズは主として戦後における小社の刊行書のなかから名著を精選のうえ、順次復刊いたします。そこには、偽《いつわ》りのない真実の歴史、魅力ある文化の伝統など、多彩な内容が披瀝《ひれき》されています。いま甦《よみがえ》る知の宝庫。本シリーズの一冊一冊が、現在および未来における読者の心の糧《かて》となり、永遠の古典《クラシック》となることを願ってやみません。

二〇〇六年五月

吉川弘文館

◇歴史文化セレクション　発売中

古代住居のはなし　石野博信著　二二〇〇円

邪馬台国と倭国　古代日本と東アジア　西嶋定生著　二五〇〇円

古事記の世界観　神野志隆光著　一七〇〇円

伊勢神宮の成立　田村圓澄著　二二〇〇円

物部・蘇我氏と古代王権　黛　弘道著　一九〇〇円

古代を考える　蘇我氏と古代国家　黛　弘道編　二四〇〇円

飛　鳥　その光と影　直木孝次郎著　二四〇〇円

飛鳥・白鳳仏教史　田村圓澄著　四七〇〇円

帰化人と古代国家　平野邦雄著　目下品切中

神話と歴史　直木孝次郎著　二三〇〇円

奈良の都　その光と影　笹山晴生著　二三〇〇円

宮都と木簡　よみがえる古代史　岸　俊男著　二二〇〇円

古代東北史の人々　新野直吉著　一九〇〇円

古代蝦夷　工藤雅樹著　二四〇〇円

古代蝦夷を考える　高橋富雄著　二三〇〇円

田村麻呂と阿弖流為《あてるい》　古代国家と東北　新野直吉著　一八〇〇円

空　海　生涯とその周辺　高木訷元著　目下品切中

王朝のみやび　目崎徳衛著　二三〇〇円

王朝貴族の病状診断　服部敏良著　目下品切中

奥州藤原氏　その光と影　高橋富雄著　二一〇〇円

日本中世の国家と仏教　佐藤弘夫著　二四〇〇円

蝦夷と東北戦争（戦争の日本史）

鈴木拓也著　四六判・三二〇頁／二五〇〇円

古代国家が、蝦夷を武力で制圧した「征夷」。伊治公呰麻呂の乱をはじめ、阿弖流為と坂上田村麻呂の戦いなど、八世紀から九世紀に至る幾多の戦乱を検証。征夷に関わった人々に焦点を当て、蝦夷支配の真実を描く。

古代を考える 多賀城と古代東北

青木和夫・岡田茂弘編　四六判・三四八頁／三〇〇〇円

古代国家が陸奥国に建設した政治・軍事の拠点＝多賀城。東北の黎明期から奥州藤原氏の滅亡まで、地域の具体的な姿を解明。発掘成果と木簡・漆紙文書などの出土資料を駆使し、古代東北史研究の現状と問題点を提示する。

坂上田村麻呂 新稿版（人物叢書）

高橋　崇著　四六判・二四〇頁／一九〇〇円

渡来系氏族の子孫ながら、征夷大将軍・大納言まで異例の昇進をとげた、征夷の英雄として名高き武将。後世にいたるまでかずかずの伝説につつまれた、その生涯を坂上氏の歴史とあわせ克明に描く。旧版を全面的に改稿。

平安京の時代（日本古代の歴史）

佐々木恵介著　四六判・二九二頁／二八〇〇円

桓武王権の成立に始まる平安時代。蝦夷との戦いと国土の策定、律令制の再編、摂政・関白の登場など、社会秩序は大きく変動した。都と鄙の生活、遣唐使停止、国風文化の発生にも迫り、成熟・変質した九世紀日本を描く。